essentials

essentials liefern aktuelles Wissen in konzentrierter Form. Die Essenz dessen, worauf es als „State-of-the-Art" in der gegenwärtigen Fachdiskussion oder in der Praxis ankommt. *essentials* informieren schnell, unkompliziert und verständlich

- als Einführung in ein aktuelles Thema aus Ihrem Fachgebiet
- als Einstieg in ein für Sie noch unbekanntes Themenfeld
- als Einblick, um zum Thema mitreden zu können

Die Bücher in elektronischer und gedruckter Form bringen das Expertenwissen von Springer-Fachautoren kompakt zur Darstellung. Sie sind besonders für die Nutzung als eBook auf Tablet-PCs, eBook-Readern und Smartphones geeignet. *essentials:* Wissensbausteine aus den Wirtschafts-, Sozial- und Geisteswissenschaften, aus Technik und Naturwissenschaften sowie aus Medizin, Psychologie und Gesundheitsberufen. Von renommierten Autoren aller Springer-Verlagsmarken.

Weitere Bände in der Reihe http://www.springer.com/series/13088

Benjamin Berend · Michaela Brohm-Badry

New Work: Souveränität im postdigitalen Zeitalter

Zeitenwende für Unternehmer, Personalverantwortliche, Coaches und Angestellte

Springer

Benjamin Berend
Universität Trier
Trier, Deutschland

Michaela Brohm-Badry
Universität Trier
Trier, Deutschland

ISSN 2197-6708
essentials
ISBN 978-3-658-29683-4
https://doi.org/10.1007/978-3-658-29684-1

ISSN 2197-6716   (electronic)

ISBN 978-3-658-29684-1   (eBook)

Die Deutsche Nationalbibliothek verzeichnet diese Publikation in der Deutschen Nationalbibliografie; detaillierte bibliografische Daten sind im Internet über http://dnb.d-nb.de abrufbar.

Planung/Lektorat: Marion Kraemer
Springer ist ein Imprint der eingetragenen Gesellschaft Springer Fachmedien Wiesbaden GmbH und ist ein Teil von Springer Nature.
Die Anschrift der Gesellschaft ist: Abraham-Lincoln-Str. 46, 65189 Wiesbaden, Germany

Was Sie in diesem *essential* finden können

- Einen aktualisierten Entwurf von New Work, der das Aufblühen von Individuum, Organisation und Gesellschaft intendiert
- Durch New Work inspirierte Beispiele für die Gestaltung und Entwicklung von Organisationen
- einen Überblick zur gesamtgesellschaftlichen Dimension von New Work

Inhaltsverzeichnis

Einleitung 1

New Work beginnt mit einer Idee von Freiheit. Freiheit nicht so sehr im Sinne eines Freiseins von Zwang oder im Sinne freiheitlicher Grundrechte, sondern vor allem in dem Sinne, souverän das zu tun, was man, in den Worten des New Work-Pioniers Fritjof Bergmann „wirklich, wirklich will". Bergmann legte in den 1980er Jahren in Feldexperimenten den Grundstein für New Work und intendierte damit eine neue Arbeitskultur, die Menschen stärkt. Das Ende von Auszehrung, das Ende von Entfremdung, das Ende von Burn-Out. Ist so etwas möglich? Auch wenn es für viele unerreichbar klingt, es gibt wissenschaftliche Befunde, Ansätze, Vorbilder und Ideen, die in diese Richtung weisen und inspirieren. Zudem ist New Work heute – wenn auch in vielen unterschiedlichen Spielarten – populärer denn je und hat sich zu einem breiten Experimentierfeld entwickelt. Dies bestärkt uns darin, im Folgenden der Zuversicht und weniger dem Zweifel Raum zu geben. Demselben Möglichkeitssinn folgend, sprechen wir auch von „Postdigitalisierung". Denn, so fragen wir erstens, wie soll die durchdigitalisierte Arbeitswelt eigentlich aussehen, auf die sich alles hinbewegt? Und ist die Digitalisierung zweitens angesichts von *„Techlash"* und *„Soluzionismus"* nicht schon jetzt punktuell auserzählt, sodass das Analoge notwendigerweise (wieder) eine zentrale Rolle in einer zukünftigen Arbeitskultur wird spielen müssen? Unsere weiteren Überlegungen drehen sich sodann um folgende Fragen:

- Welche postdigitale Arbeitswelt ist wünschenswert?
- Wie gehen wir mit der prognostizierten weitreichenden Automatisierung von Arbeitsplätzen um?
- Welche Art von Bildung könnte dabei unser aller Souveränität im Sinne von New Work fördern?

© Springer Fachmedien Wiesbaden GmbH, ein Teil von Springer Nature 2020
B. Berend und M. Brohm-Badry, *New Work: Souveränität im postdigitalen Zeitalter*, essentials, https://doi.org/10.1007/978-3-658-29684-1_1

- Wie können und warum sollten Organisationen Arbeit so gestalten, dass das Wohlbefinden ihrer Mitarbeiter/innen gestärkt wird?
- Welche gesellschaftspolitischen Ideen sind im Hinblick auf New Work vielversprechend?

Der Band bietet jeweils einen kurzen Einblick in die drei New Work-Dimensionen Individuum/Persönlichkeitsbildung, Organisation und Gesellschaft. Leserinnen und Leser die sich vertieft in die Thematik einarbeiten möchten, finden am Ende des Bandes ein umfangreiches Literaturverzeichnis.

Wir wünschen Ihnen viel Vergnügen beim Lesen, Denken und Experimentieren mit neuen Formen von Arbeit.

Trier im März 2020   Benjamin Berend und
                                                        Michaela Brohm-Badry

Digitalisierung und Postdigitalisierung 2

Für manchen ist Digitalisierung ein Heilsversprechen: In einer von Künstlichen Intelligenz (KI) durchdrungenen Realität werden wir unsere innerstädtischen Verkehrsströme in den Griff bekommen, unsere Häuser smart sich selbst verwalten lassen, unsere Kühlschränke bestellen ihre Inhalte je nach Bedarf autonom, Drohnen stellen die Bestellungen auf unseren Balkonen ab und Pflegeroboter lösen den Pflegenotstand auf ruhige, technische Weise. Die Erledigung von immer mehr Arbeit durch Maschinen gibt uns endlich mehr Souveränität über unsere Lebenszeit und die Dementen werden vielleicht nicht einmal merken, dass die von künstlicher Haut überzogene, beheizte Hand auf ihrem Arm zu keinem Menschen gehört.

Für andere ist Digitalisierung eher angstbesetzt: Roboter und Algorithmen führen in die Massenarbeitslosigkeit und der dadurch entstehende Sinnverlust ist für die Meisten kaum zu kompensieren. Und irgendwann, so die schlimmste Befürchtung, werden die Maschinen sich verselbstständigen und zu dem Schluss kommen, dass die unvorhersehbar agierenden Menschen nicht nur in den Fabriken und Unternehmen, sondern auch in den innerstädtischen Verkehrsströmen eher stören und ständig im System Alarm auslösen, weil sie ihre Kühlschrankinhalte vor sich hin gammeln lassen und die Pflegeroboter sich wegen zu vielen Alten aus Platzmangel gegenseitig bei der Arbeit behindern. Also kurz: Die KI wird zu dem Schluss kommen, dass Menschen die Systeme stören, weshalb die künstliche Intelligenz über deren Existenzberechtigung nachdenken wird.

Uns geht es nicht darum, überschäumenden Technik-Optimismus und noch weniger darum, lähmende Angst zu nähren, sondern Digitalisierung als gestaltbaren Prozess zu verstehen. Dabei – so meinen wir – nützt auch der Begriff der Postdigitalisierung, denn indem wir verschiedene Entwicklungsszenarien in den Blick nehmen, schärfen wir unseren Möglichkeitssinn.

© Springer Fachmedien Wiesbaden GmbH, ein Teil von Springer Nature 2020
B. Berend und M. Brohm-Badry, *New Work: Souveränität im postdigitalen Zeitalter,* essentials, https://doi.org/10.1007/978-3-658-29684-1_2

2.1   Digitalisierung

Digitalisierung meint die Umwandlung analoger Weltverhältnisse in digitale Informationen, was der Soziologe Armin Nassehi die „Verdopplung der Welt in Datenform" nennt (Nassehi 2019, S. 33 f.) Entscheidend ist dabei die Indifferenz des Digitalen, denn es „…steuert Toaster ebenso wie die gesamte Energieversorgung eines Landes, intelligente elektrische Zahnbürsten ebenso wie die Selbstbeobachtung von Börsen, Kinderspielzeug oder die Modelleisenbahn des ehemaligen bayerischen Ministerpräsidenten ebenso wie Raumstationen, programmierbare Waffen oder Beatmungsgeräte von Anästhesisten, es wertet ein Elektrokardiogramm ebenso aus, wie es Bildschirmspiele steuert" (ebd., S. 35).

2.2   Postdigitalisierung

An und für sich mag das Digitale indifferent sein, in seinen Auswirkungen auf unsere Lebens- und Arbeitswelt aber ist es das ganz und gar nicht. So lassen sich zum Beispiel deutliche Hinweise darauf ausmachen, dass die digitale Transformation im Hinblick auf ihre gesellschaftliche Akzeptanz hier und da schon ihren *Peak* erreicht haben könnte. Beispielsweise scheinen dann Grenzen gesetzt, wenn Digitalität das menschliche Grundbedürfnis nach Verbundenheit und Nähe nicht voll befriedigen kann oder stört.

In Anlehnung an Johann Hari beschreibt Horx (2019), wie die digitale Unverbindlichkeit *Atomisierung,* d. h. den Verlust stabiler Bindungen begünstigt. Dies gilt nicht nur für Tinder und Co. sondern auch für die Arbeitswelt: Staab und Geschke (2019) haben erst kürzlich am Beispiel des Unternehmens Zalando gezeigt, wie das digitale Rating- und Scoring-Instrument *Zonar* das Betriebsklima schädigt, die Solidarität unter Beschäftigten schwächt, sowie zur Überwachung und zur Legitimierung von Ungleichheit missbraucht wird.

Horx spricht daher von der „Rache des Analogen", denn: „Um leben zu können, benötigen wir eine gewisse Nichteindeutigkeit, ein Vertrauen auf das Nichtgemessene, eben Lebendige" (Horx 2019, S. 18). In diesem Zusammenhang zitiert er auch den weißrussischen Internetkritiker Evgeny Morozov, der den Begriff *Soluzionismus* geprägt hat, um über die Vielzahl digitaler Lösungen für inexistente Probleme – z. B. in Form von digitalen Brotmessern, vernetzten Waschmaschinen usw. – zu spötteln (ebd., S. 17).

Die in diesem Kontext zentrale Frage gilt auch für die Arbeitswelt: Wann ist Digitalisierung sinnvoll und wann nicht? Denn auch die nur teilweise betriebene

Digitalisierung menschlicher Arbeit kann sehr zum Missfallen der Angestellten ausfallen, wie Fred Benenson, Ex-Vizepräsident der Crowdfunding-Plattform *Kickstarter* ausführt: Er berichtet, dass bei dem Crowdfunding-Anbieter *Kickstarter* und der Videoplattform *Youtube* Entscheidungsprozesse *(Welche Projektideen nehmen wir auf die Plattform? Welche Videos erfüllen unsere Ethik-Standards und werden gezeigt?)* digitalisiert wurden, deren Ausführung den Angestellten zuvor große Freude bereitet hatte. Nunmehr blieben nur noch die schwierigsten und weniger freudvollen Fallentscheidungen für die menschlichen Arbeitskräfte übrig (Benenson 2019).

Der Begriff der Postdigitalisierung steht also einerseits für die Kritik an einer indifferenten Digitalisierung ohne Rücksicht auf menschliche Bedürfnisse. Zugleich steht er für die große, im folgenden Kapitel diskutierte Frage danach, wohin die Digitalisierung führt, bzw. führen soll.

„Digitales Athen" – Wohin führt die Digitalisierung?   3

Eine theoretische Antwort auf diese Frage gab vor einigen Jahren der US-amerikanische Wirtschaftswissenschaftler Erik Brynjolfsson mit der Idee des „digitalen Athen". In technik-optimistischer Tradition stellte er sich darunter eine Gesellschaft vor, in der Maschinen den Großteil der Arbeit verrichten würden. Was im antiken Griechenland die Sklaven für die Athener Vollbürger leisteten, könnten zukünftig Computer und Roboter für einen Großteil der Gesellschaft ermöglichen: ein Leben in Muße und selbstbestimmter Arbeit (Regalado 2012). Sozusagen ein „Postdigitalisierungs-Happy-End". Doch wie stichhaltig ist Brynjolfssons Szenario? Läuft die Digitalisierung unweigerlich auf eine flächendeckende Automatisierung von Arbeitsplätzen hinaus? Hier lohnt zunächst ein Blick in aktuelle Prognosen und Untersuchungen.[1]

Die Verfasser der Delphi-Studie des internationalen Think-Tanks *Millenium-Project* kommen zu der Einschätzung, dass Robotik und künstliche Intelligenz die globale Arbeitslosigkeit bis zum Jahre 2050 auf 24 % und mehr ansteigen lassen könnten (Daheim und Wintermann 2016, S. 12). Das McKinsey Global Institute entwarf für die Staaten *China, Indien, Japan, Deutschland, Mexico* und *USA* jeweils zwei Automatisierungs-Szenarien, die sich im Faktor Geschwindigkeit unter-scheiden (Szenario I: geringe Automatisierungsgeschwindigkeit, Szenario II: hohe Automatisierungsgeschwindigkeit). In Szenario I wird für Deutschland ebenfalls eine Automatisierung von 24 % der gegenwärtig geleisteten Arbeitsstunden im Jahre 2030 für möglich gehalten,

---

[1]Der folgende Abschnitt orientiert sich an den Darstellungen in Berend und Brohm-Badry (2020).

B. Berend und M. Brohm-Badry, *New Work: Souveränität im postdigitalen Zeitalter,* essentials, https://doi.org/10.1007/978-3-658-29684-1_3

was einem Wegfallen von neun Millionen Arbeitsplätzen entspräche (Manyika et al. 2017, S. 94 f.). Sezenario II sagt vorher, dass im Jahre 2030 bereits 47 % der Arbeitsstunden in Deutschland (siebzehn Millionen Arbeitsplätzen) automatisiert sind (ebd.). Frey und Osborne (2013, 2017) kommen in „The Future of Employment", einer der populärsten Studien zum Thema, zu der Einschätzung, dass 47 % der Arbeitsplätze in den Vereinigten Staaten eine hohe Automatisierungswahrscheinlichkeit aufweisen. Der Brüsseler Ökonomie-Think-Tank Bruegel prognostiziert unter Bezugnahme auf diese Daten von Frey und Osborne, Erhebungen der International Labour Organization und der Eurostat-Arbeitskräfteerhebung, dass durchschnittlich 54 % der Arbeitsplätze in den Ländern der Europäischen Union (Deutschland: 51,12 %) in den kommenden Jahrzehnten automatisiert werden (Bruegel 2014). Vergleichsweise nüchtern wirken hingegen die Zahlen der OECD. Die Organisation hält 14 % der Jobs in den ihr angehörenden Staaten für hoch automatisierbar, prognostiziert allerdings für 32 % einen signifikanten Wandel des Berufsbilds (OECD 2018, S. 1). Zudem geht die OECD – wie die meisten Prognosen – davon aus, dass die Automatisierungswahrscheinlichkeit von Berufen proportional zu steigenden Anforderungsprofilen abnimmt.[2] Dementsprechend sind in komplexen, kreativen und sozialen Arbeitskontexten häufiger *engineering bottlenecks* vorzufinden, d. h. Tätigkeiten, welche von Experten als schwer automatisierbar eingeschätzt werden.

Wie viele Jobs und Tätigkeiten tatsächlich in zehn, zwanzig oder dreißig Jahren automatisiert werden, ist natürlich nicht zuverlässig vorhersehbar.[3] Auch stellt sich die Frage, inwieweit wegfallende Jobs ggf. durch neu entstehende Tätigkeitsfelder kompensiert werden können. Zudem ist durch den demografischen Wandel von einem kompensatorischen Effekt auf den Arbeitsmarkt auszugehen. Wesentlicher scheint aber in diesem Kontext, dass es sich dabei in den nächsten Jahren, wie die Wirtschaftshistorikerin Martina Heßler zeigt, um einen „[…] Aushandlungsprozess über das, was gesellschaftlich erwünscht und machbar ist" handelt. Insbesondere stellt sich dabei die Frage, wie die Entkopplung

---

[2]Wenn Sie etwas über die Automatisierungswahrscheinlichkeit Ihres eigenen Berufs erfahren möchten, empfehlen wir den sogenannten *Job Futuromat* der Bundesagentur für Arbeit (https://job-futuromat.iab.de/).

[3]Insbesondere die populäre Studie von Frey und Osborne (2013, 2017) ist diesbezüglich im Hinblick auf ihre Methodik Kritik ausgesetzt, vgl. Rauner (2017); Bonin et al. (2015).

von Produktivität und Beschäftigung (Brynjolfsson und McAfee 2014, S. 164 f., Schettkat 2011, S. 33 f.) zu gestalten ist. Es geht in diesem Aushandlungsprozess also darum, *wie wir als Gesellschaft zukünftig leben und arbeiten wollen*. Denn im Idealfall führt die Digitalisierung dorthin, wo sie gesellschaftlich ausgehandelt hinführen soll. Brandaktuell ist dabei nicht nur die Frage nach dem Automatisierungsgrad von Arbeit, sondern auch die Frage danach, wie die durch menschliches Arbeiten verrichtete (Rest)arbeit gestaltet und in Organisationen gelebt werden wird. Es ist die Frage nach der inneren Qualität von Arbeit – die Frage nach New Work.

Was ist New Work? 4

Ursprünglich handelt es sich bei New Work um eine radikale Idee. Erdacht hat sie der österreichisch-amerikanische Philosoph Frithjof Bergmann (*1930) bereits zu Beginn der 1980er Jahre – und zwar als Antwort auf zwei gesellschaftliche Herausforderungen: zum einen die Beseitigung unbefriedigender, auslaugender und letztlich gesundheitsschädlicher Arbeit, zum anderen der Umgang mit der Automatisierung von Arbeitsplätzen.

Als Professor für Philosophie und Anthropologie an der Universität Michigan wirkte Bergmann seit 1978 unweit der traditionellen Automobilstadt Flint, dem ehemals größten Produktionsstandort des US-amerikanischen Automobilherstellers General Motors. Der Konzern plante angesichts einer schweren Rezession zu Beginn der 80er Jahre umfassende Automatisierungen in der Produktion, sodass rund 50 % der Angestellten in absehbarer Zeit durch Computer und Roboter ersetzt werden sollten (Bergmann 2004, S. 129). In dieser Ausgangssituation verbreitete Bergmann in Verbindung mit zivilgesellschaftlichen Akteuren seine Vorstellungen einer neuen Arbeitskultur. Als wesentliches Element beinhaltete diese, abhängige Lohnarbeit zu reduzieren und Menschen stattdessen eine *selbstkonkordante* Arbeit zu ermöglichen, das heißt eine Arbeit, die sie „wirklich wirklich wollen" (ebd., S. 121). Die New Work-Akteure betrachteten die erwartete Automatisierungswelle bei General Motors als einen günstigen Moment, um zunächst die Arbeitszeiten des Konzerns von Grunde auf neu zu organisieren. Zunächst unterbreiteten sie dem Konzernmanagement den sogenannten 6:6-Plan: „Jeder sollte ein halbes Jahr in der Fabrik arbeiten und den Rest des Jahres mit etwas Interessanterem und Aufregenderem beschäftigt sein" (ebd., S. 129). Der erste Grund für diesen Vorschlag lautete, dass die erwarteten Automatisierungen im Falle dieses Modells nicht zu Massenentlassungen und sozialen Verwerfungen

© Springer Fachmedien Wiesbaden GmbH, ein Teil von Springer Nature 2020
B. Berend und M. Brohm-Badry, *New Work: Souveränität im postdigitalen Zeitalter*, essentials, https://doi.org/10.1007/978-3-658-29684-1_4

führen würden: Alle Angestellten behalten ihren Arbeitsplatz, arbeiten jedoch nur noch die Hälfte der Zeit.

Parallel dazu gründeten Bergmann und seine Anhänger in Flint das erste „Zentrum für Neue Arbeit". Aus heutiger Sicht lässt sich dieses am ehesten als ein Bildungszentrum für Persönlichkeitsentwicklung beschreiben und sollte die Angestellten dabei unterstützen, ihre freigewordene Zeit souverän mit sinnvollen Tätigkeiten – eben „New Work" zu füllen: „Zum einen würden wir große Anstrengungen unternehmen, um zusammen mit den Arbeitern herauszufinden, was für Talente und Fähigkeiten sie besaßen, was ihre Werte und ihre Weltanschauungen waren und, ganz besonders, welche Arbeit sie tief im Innersten wirklich und wahrhaftig leisten *wollten*" (ebd., S. 131). In seinem Werk *Neue Arbeit, Neue Kultur* (2004, 2019) berichtet Bergmann von Erfolgen des Projekts, ohne Widerstände und Probleme zu verschweigen.

Im ursprünglichen Sinne ist New Work also eine soziale Innovation, die auf Souveränität abzielt – die Souveränität, das zu tun, was den eigenen Fähigkeiten, Stärken und Wünschen am meisten entspricht. Diese ohnehin bereits anspruchsvolle Idee hat Bergmann theoretisch zu einer postdigitalen Utopie weiterentwickelt, in der Menschen nur noch ein Drittel ihrer Arbeitszeit gewöhnlicher Erwerbsarbeit zur Sicherung des Lebensunterhalts widmen, ein weiteres Drittel High-Tech-Selbstversorgung (Eigenproduktion mittels 3D-Druckern) betreiben und das letzte Drittel zur Ausübung ihrer eigentlichen Berufung verwenden.

Abgesehen davon, dass derzeit eine Kommerzialisierung des New Work-Begriffs von Unternehmensseite zu beobachten ist[1], bezeichnet der Begriff gegenwärtig ein heterogenes Ensemble meist gemäßigterer Ansätze. Für Hofmann et al. (2019) vom Fraunhofer-Institut für Arbeitswirtschaft und Organisation ist New Work „[…] heute nicht mehr in der Abgrenzung von der eigentlichen (Erwerbs-) Arbeit ein Thema, sondern steht synonym für die Versuche, innerhalb der Erwerbsarbeit eine Reihe von zukunftsorientierten Veränderungen zu implementieren, deren Realisierung eng mit den Möglichkeiten und Chancen der digitalen Transformation zusammenhängt" (ebd., S. 4). Dabei beobachten sie vier zentrale Stoßrichtungen:

---

[1]Vgl. dazu https://www.haufe.de/personal/personalszene/kommentar-xing-nimmt-der-new-work-bewegung-ihren-namen_74_483806.html.

1. Räumliche und zeitliche Flexibilisierung von Arbeit
2. Agile und projektbasierte Organisationsformen
3. Wertebasierung von und Sinnstiftung durch Arbeit
4. Enthierarchisierung, partizipative Entscheidungsmechanismen und Formen der Selbstorganisation (ebd., S. 4 f.).

Tendenziell kommen diese perzipierten Stoßrichtungen dem ursprünglichen New Work-Gedanken entgegen. Dennoch wollen wir in unserer nachfolgenden Definition dem eigentlichen Kern von New Work mit den Begriffen *Selbstkonkordanz, (Zeit-)Souveränität und Wohlbefinden* mehr Beachtung schenken:

> ▶   New Work bezeichnet eine von selbstkonkordantem Handeln, Zeitsouveränität und hohem subjektivem Wohlbefinden geprägte Arbeitskultur bestimmter Referenzgruppen, welche in der Regel durch Interventionen auf pädagogisch-psychologischer, organisationaler, technologischer und politischer Ebene angestrebt wird (vgl. Berend und Brohm-Badry 2020).

In dieser Definition offenbart sich die Wichtigkeit, welche der menschlichen Freiheit im New Work-Denken zukommt. Freiheit erschöpft sich dabei nicht in politischen, ökonomischen oder organisationsstrukturellen Spielräumen, sondern wird verstanden als die Fähigkeit und Möglichkeit zur souveränen Selbstentfaltung im Kontext einer wirklich gewollten Arbeit. Auf der persönlichen Ebene ist Freiheit dabei nach Peter Bieri (2006) etwas, das wie ein *Handwerk* erlernt wird und nichts, was sich in juristischen Begriffen vollständig fassen ließe. Damit wird klar, *was New Work zu einem wesentlichen Teil ist – eine Bildungsaufgabe.* Eine der vordringlichsten Fragen dieses Projekts lautet sodann, *wie und wo das Erlernen dieses Handwerks zur Freiheit* stattfinden soll. Im folgenden Kapitel erkunden wir praktische Impulse aus der Positiven Psychologie und der Motivationspsychologie, welche substanzielle Beiträge zu einer solchen Bildung leisten können.

New Work I – Die individuelle Ebene   5

Da das Erlernen des *Handwerks der Freiheit* eine Bildungsaufgabe ist, weist es sowohl individuelle als auch politische Bezüge auf. Schließlich bildet Freiheit *den* Kern westlicher liberal-demokratischer Gesellschaftsordnungen. Individuelle, politische und ökonomische Freiheiten werden qua Verfassung garantiert und genießen höchste Priorität. Freiheit, verstanden als die Fähigkeit einen Wunsch zu artikulieren, ihn im „Geist zu fixieren und dann eine Abfolge von Handlungen zur Erfüllung dieses Wunsches in Gang zu setzen" (Bergmann 2004, S. 137), wird jedoch in unserer Gesellschaft zu wenig gefördert. Hier lohnt ein Blick in Teilgebiete der Positiven Psychologie, wo entsprechende Bildungsangebote erforscht und entwickelt werden. Mit den Konzepten der *motivationalen Kompetenz,* der *Selbstkonkordanz* und den *Charakterstärken* nach Peterson und Seligman präsentieren wir hier die zentralen Elemente.

5.1   Tun, was man „wirklich, wirklich will" – Motivationale Kompetenz entwickeln

Dass Menschen nicht wissen, was sie wahrhaftig und gerne tun wollen, scheint eher Regel als Ausnahme zu sein. Und das nicht erst, seitdem Soziologen modernen Gesellschaften im Zuge gesellschaftlicher Ausdifferenzierung und gestiegener sozialer Mobilität *Optionsstress* diagnostizieren. Frithjof Bergmann beobachtete eine „Armut der Begierde" (ebd., S. 134), die gerade auch durch eine freudlose, ausschließlich dem Existenzerhalt dienende Arbeit bedingt sein kann. Psychologisch ausgedrückt könnte man dabei von einem starken Mangel an intrinsischer Motivation sprechen. Aus einer intrinsischen Motivation heraus

© Springer Fachmedien Wiesbaden GmbH, ein Teil von Springer Nature 2020

B. Berend und M. Brohm-Badry, *New Work: Souveränität im postdigitalen Zeitalter,* essentials, https://doi.org/10.1007/978-3-658-29684-1_5

zu agieren, heißt Tätigkeiten nachzugehen, die Freude bereiten und in sich tief befriedigend sind. Intrinsische Motivation ist also etwas in hohem Maße genussversprechendes. Je höher ihr Ausmaß, umso mehr treten extrinsische Anreize wie Geld, Freizeit oder gesellschaftlicher Status in den Hintergrund. Die Sache selbst wird wichtig – weil sie interessant ist, Spaß macht, eine Herausforderung darstellt.

Tendenziell gehen solche Tätigkeiten mit dem Erleben eines Zustandes einher, für den der Psychologe Mihalyi Csikszentmihalyi den Begriff *Flow* geprägt hat. In diesem Zustand vergessen wir alles um uns herum, sind voll und ganz von unserer Aufgabe absorbiert, arbeiten konzentriert und mit Vergnügen an der Sache. Eine Arbeit, welche möglichst viel Raum für solch intrinsisch motiviertes Tätigsein bietet, käme dem New-Work-Ideal schon sehr nahe. Auch der Motivationspsychologe Falko Rheinberg ist diesbezüglich der Ansicht, dass es durchaus knifflig sein kann, solche Tätigkeiten für sich selbst zu identifizieren. Er spricht von einer *motivationalen Kompetenz,* die es in diesem Zusammenhang zu erlernen gelte. Diese definiert er als die „Fähigkeit, aktuelle und künftige Situationen so mit den eigenen Tätigkeitsvorlieben (basale Motive) in Einklang zu bringen, dass effizientes Handeln auch ohne ständige Willenskontrolle möglich ist" (Rheinberg 2017, S. 212).

Als erstes Element dieser Kompetenz beschreibt er eine bestimmte Art von Selbsterkenntnis. Diesbezüglich ermuntert er uns dazu herauszufinden, wie stark die unbewussten Basismotive *Macht, Leistung* und *sozialer Anschluss* jeweils in uns ausgeprägt sind und welche Tätigkeitsvorlieben sich daraus für uns ergeben (ebd., S. 215 f.). Herausfordernd ist dabei, dass diese unbewussten Grundmotive häufig im Widerspruch zu dem motivationalen Selbstbild stehen, welches wir auf der bewussten Ebene von uns konstruieren. Zunächst geht es daher darum, eine *Kongruenz* von bewusstem Selbstbild und unbewussten Motiven herzustellen. Den zweiten Schritt bezeichnet er sodann als die Fähigkeit, *Situationen* im Hinblick auf die Passung zu unserer Person einschätzen und auswählen zu können. Als praktische Schritte zum Erlernen motivationaler Kompetenz schlägt er uns folgende Fragen zur Selbstreflexion vor:

1. *Welche Sachen mache ich auch ohne Belohnung immer wieder und ziehe sie zeitlich vor?*
2. *Wobei/wann habe ich besonders gerne und problemlos gearbeitet, konnte kein Ende finden?*
3. *Wann habe ich mich über ein Ergebnis besonders gefreut, wann konnte ich mich trotz erfolgreicher Arbeit nicht über das Ergebnis freuen? (ebd., S. 219).*

Hilfreich mag auch die von ihm in diesem Zusammenhang vorgestellte „motivlesbare Übersetzung" (ebd., S. 220) sein: Bevor wir uns für ein neues Ziel (z. B. eine neue Arbeit) entscheiden, so Rheinberg, sollten wir uns die mit diesem Ziel einhergehenden Tätigkeiten detailliert vorstellen und spüren, welche Reaktionen diese auf der körperlichen Ebene hervorrufen.

In der Anerkennung der Tatsache, dass es schwer möglich ist, *ausschließlich* Tätigkeiten nachzugehen, welche dem belebenden Quell intrinsischer Motivation entspringen, erweist Rheinberg sich als Pragmatiker und rät uns zum Experiment: Wir sollen für uns selbst ganz individuelle Techniken (z. B. künstliche Erzeugung von Zeitdruck oder Erhöhung des Anforderungsniveaus) erfinden, welche die Verwandlung von extrinsisch motivierten, aber nun einmal notwendigen Tätigkeiten in Flow-Erfahrungen ermöglichen (ebd., S. 221).

5.2 Kohärenz und Charakterstärken

In der Salutogeneseforschung werden häufig psychische und psychosoziale Ressourcen thematisiert, die als Schutzfaktoren der Psyche gelten. Es sind soziale Unterstützung, Selbstvertrauen, freie Zeit und Kohärenz.

Neben der freien Zeit für sich selbst und seine sozialen Bindungen, ist die psychische Gesundheit substanziell von dem Gefühl abhängig, mit sich selbst in der Welt aufgehoben zu sein: das Kohärenzgefühl, das Gefühl der Stimmigkeit. Kohärenz meint das Gefühl, dass die Beziehung zwischen Einzelheiten als zusammengehörig empfunden wird. Stimmige Menschen erleben einen Sinn in dem, was ihnen geschieht und was sie erfahren. Es ist das Gefühl, dass es einen Zusammenhang und Sinn im Leben gibt und man dem willkürlichen Schicksal nicht ausgeliefert ist. Das Konzept dazu stammt von dem Soziologen und Mediziner Aaron Antonovsky, der damit eine Lebensorientierung beschreibt, dass Menschen ein beständiges Gefühl der zuversichtlichen Haltung haben, sich in der Welt zurecht zu finden und das eigene Leben bewältigen zu können. Es ist die Haltung zum Leben, so Heiner Keupp:

1. „Meine Welt ist verständlich, stimmig, geordnet; auch Probleme und Belastungen, die ich erlebe, kann ich in einem größeren Zusammenhang sehen (Verstehensebene).
2. Das Leben stellt mir Aufgaben, die ich lösen kann. Ich verfüge über Ressourcen, die ich zur Meisterung meines Lebens, meiner aktuellen Probleme mobilisieren kann (Bewältigungsebene).

3. Für meine Lebensführung ist jede Anstrengung sinnvoll. Es gibt Ziele und Projekte, für die es sich zu engagieren lohnt (Sinnebene)."

Letztendlich führt Stimmigkeit somit in den aus der griechischen Mythologie stammenden Appell: „Werde, der du bist!"

Der irische Autor Oscar Wilde formulierte es ähnlich: Nach dem Ziel des Lebens gefragt, soll er geantwortet haben: „Das Ziel des Lebens ist Selbstentwicklung. Das eigene Wesen völlig zur Entfaltung zu bringen, das ist unsere Bestimmung." Aus Forschungsperspektive der Positiven Psychologie liegt diese Stimmigkeit primär darin, die eigenen Charakterstärken zu erkennen und beruflich wie auch im Privatleben zu leben.

Sechs Gruppen mit insgesamt vierundzwanzig Charakterstärken (vgl. Peterson und Seligman 2004) werden in der Forschung unterschieden (s. Tab. 5.1).

Tab. 5.1 Sechs Gruppen mit insgesamt vierundzwanzig Charakterstärken

Gruppe	Charakterstärken
Weisheit und Wissen	Neugier Liebe zum Lernen Urteilsvermögen Kreativität Perspektive
Mut	Tapferkeit Ausdauer Authentizität Enthusiasmus
Menschlichkeit	Freundlichkeit Lieben; Bindungsfähigkeit Soziale Intelligenz
Gerechtigkeit	Gemeinschaftssinn; Teamarbeit Fairness Führungsvermögen
Mäßigung	Vergebungsbereitschaft Bescheidenheit Vorsicht Selbstregulation
Transzendenz	Sinn für das Schöne Dankbarkeit Hoffnung Spiritualität Humor

Sie umfassen Fähigkeiten, Fertigkeiten, Werte, Haltungen und Gefühle. Auf der Website der Universität Zürich kann man sich kostenlos zu wissenschaftlichen Zwecken testen und bekommt das Ergebnis gleich mitgeteilt (www.charakterstaerken.org). Zur ersten Orientierung hilft vielleicht auch schon die freie Selbsteinschätzung.

Unser Wohlbefinden hängt entscheidend davon ab, ob es uns gelingt, einen Beruf zu finden, der den eigenen Charakterstärken entspricht, der es ermöglicht, eine Leidenschaft auszuleben, die mit den eigenen Stärken einhergeht, sowie eine/n Partner/in zu finden, der die Charakterstärken des Partners akzeptiert, liebt oder gar unterstützt.

Die vorliegenden Befunde zeigen deutlich, dass der Weg zu Engagement, Flow und letztendlich beruflichem Erfolg deutlich darin begründet ist, seine eigenen Stärken zu kennen und sich in Richtung dieser Stärken zu entwickeln. Zu wissen, was man kann, ist die Grundbedingung dafür, zu tun, was man wirklich, wirklich will.

5.3   Zusammenfassung: Bildung für New Work

Digitalisierung und Globalisierung haben zur Entgrenzung von traditionellen Ordnungssystemen wie beispielsweise Nationalstaaten, Binnenmärkten, sozialen Sicherungs- und Verbundsystemen geführt. Der damit einhergehende erhöhte Konkurrenzdruck lässt die Planungszeiträume immer kürzer werden, um im Handeln flexibel bleiben zu können. Unser derzeitiges bewusstes Denken über Zukunft steht einer Vielzahl unbewusster und unwägbarer Prozesse gegenüber, die der Komplexität der Entwicklung die Verlässlichkeit nehmen. Wir haben keine verlässlichen Zukunftsprognosen und kennen die Herausforderungen der Zukunft nicht.

Vor diesem Hintergrund scheint das Individuum weitgehend auf sich selbst zurückgeworfen zu sein. Das Maß der Unsicherheit, so die Daten zu psychosozialen Erkrankungen (Depression, Burn Out, Angststörungen, Aggressionsstörungen), nimmt kontinuierlich zu. Bildung als Vorbereitung auf unsichere Zukünfte sollte demnach insbesondere darauf abzielen, Menschen zu stärken. Sie sollte:

- die Fähigkeit fördern, sich selbst mit seinen Motiven und Charakterstärken zu kennen,
- dazu ermutigen, diese Stärken und Motive beruflich in seinem Leben einen Raum zu geben (tun, was man wirklich, wirklich will), und schließlich sollte sie
- Menschen darin bestärken, sich als soziales Wesen in den Grundwerten friedlichen Miteinanders zu verorten, nämlich in der Zuwendung zu den humanistischen Tugenden Menschlichkeit, Gerechtigkeit und Mut (Peterson und Seligman 2004).

New Work II: Die organisationale Ebene   6

„Wir werden in Organisationen geboren, wir werden von ihnen erzogen und die meisten von uns arbeiten einen beträchtlichen Teil ihres Lebens für Organisationen. Auch einen großen Teil unserer Freizeit verbringen wir in ihnen: dort geben wir Geld aus, dort spielen und beten wir. Die meisten von uns werden in einer Organisation sterben, und selbst das Begräbnis muss von der umfassendsten aller Organisationen, dem Staat, genehmigt werden" (Etzioni 1964).

Mit diesen Worten beginnt „Modern Organizations", ein Klassiker des US-amerikanischen Organisationsforschers Amitai Etzioni. Der hohe Organisationsgrad unserer Gesellschaften bedingt, dass der Großteil unserer Arbeit in Organisationen geleistet wird. Gegenwärtig kursieren dementsprechend auch unter dem Label „New Work" eine ganze Reihe organisationsbezogener Konzepte, die dem Anliegen „mehr Freude in die Arbeitswelt" zu bringen, Rechnung tragen wollen. Bevor wir einige dieser Konzepte betrachten, blicken wir zunächst auf die Verfasstheit von Organisationen und die Frage nach den Bedingungen ihrer prinzipiellen Veränderbarkeit.

6.1   Organisationen im Dilemma

Auf den ersten Blick widerspricht die Idee von *Organisation* dem New Work-Paradigma von Souveränität, Selbstkonkordanz und Wohlbefinden. Erst recht, wenn wir dabei nicht an Organisationen mit Bildungsauftrag, sondern an Behörden, mittelständische Unternehmen oder Konzerne denken. Als funktionale Gebilde regulieren Organisationen Handlungen und Verhalten über Rollenerwartungen auf ihre spezifischen *Zwecke* hin. Neben *Mitgliedschaft* und *Hierarchie(n)* zeichnen *Zwecke* Organisationen als zentrale Merkmale aus

© Springer Fachmedien Wiesbaden GmbH, ein Teil von Springer Nature 2020   21
B. Berend und M. Brohm-Badry, *New Work: Souveränität im postdigitalen Zeitalter*, essentials, https://doi.org/10.1007/978-3-658-29684-1_6

(Kühl 2011). Zwecke betreffen beispielsweise das Erbringen bestimmter Dienstleistungen, die Herstellung und den Vertrieb von Produkten oder auch – im Falle marktwirtschaftlicher Akteure –Gewinnmaximierung. Entscheidend ist, dass sich im Falle der klassischen Logik der Zwecke weder ein Krankenhaus noch ein Technologiekonzern dafür interessiert, ob die Angestellten ihre Arbeit mit einer gewissen Leidenschaft, beziehungsweise einem hohen Maß an Selbstkonkordanz ausführen, sondern eher dafür, ob sie dabei die Zwecke der Organisation erfüllen. Im Vordergrund steht nicht das Wohlbefinden der Mitarbeiter/innen einer Organisation, sondern allenfalls dasjenige der Kunden oder Klienten, und zwar in Form des Erfüllens *von deren* Bedürfnissen.

Dies beschrieb Etzioni als typische Dilemmasituation von Organisationen: Einerseits wirkt in ihnen eine an Effizienz und Performanz ausgerichtete *organisationale Rationalität,* andererseits wird die humanistische Forderung nach *Arbeitszufriedenheit* an sie gerichtet (Etzioni 1973, S. 9; Rosenow 2015, S. 261).

Bis zu einem gewissen Grade, so Etzioni's Annahme, sind „[…] organisierte Rationalität und menschliche Zufriedenheit durchaus vereinbar" (ebd., S. 11), und ein Großteil aktueller New Work-Ansätze dreht sich um das „Wie?" der Veränderbarkeit von Organisationskulturen.

6.2 Organisationskulturen verändern

In der Organisationsforschung zeigt sich ein starker Einfluss von Organisationskulturen auf Arbeitsmoral, Engagement, Produktivität, physische Gesundheit und psychisch-emotionales Wohlbefinden von Mitarbeiterinnen und Mitarbeitern (Cameron und Quinn 2011, S. 7). Auch das Gelingen anderweitiger Veränderungen in Organisationen (etwa das Erreichen von Qualitätsmanagements-Zielen oder innerbetrieblicher Strukturwandel) wird durch Veränderungen in der Organisationskultur bedingt (ebd., S. 13). Cameron und Quinn betrachten die Organisationskultur daher als größten Wettbewerbsvorteil von wirtschaftlich erfolgreichen Organisationen:

> „The major distinguishing feature in these companies – their most important competitive advantage, the most powerful factor they all highlight as a key ingredient in their success – is their organizational culture" (ebd., S. 5).

Doch was umfasst eine *Organisationskultur?* Kühl (2018) versteht darunter die „nicht entschiedenen Entscheidungsprämissen", oder auch Verhaltenserwartungen in Organisationen, „[…] die sich langsam eingeschlichen haben" (ebd., S. 9). Cameron und Quinn (2011) nennen *Werte, Führungsstile Erfolgsdefinitionen, Sprache, Symbole, Artefakte, Prozeduren* und *Routinen* als zentrale Elemente (ebd., S. 22, sowie Brohm 2017).

Betrachten wir Organisationskultur als unabhängige Variable, zeigt sich ihr entscheidender Einfluss auf das Wohlbefinden der Mitarbeiter/innen und zugleich auch auf die Produktivität der Organisation. Wenn angesichts der oben beschriebenen Dilemmastruktur versucht wird, Organisationen so zu gestalten, dass sowohl die Mitarbeiter/innen als auch die Leistungsfähigkeit der Organisation davon profitieren, ist also die Frage nach der Organisationskultur zentral. Während Kühl (2018) betont, dass Organisationen nur auf der formalen Ebene (beispielsweise Personalpolitik, innerbetriebliche Programme oder Richtlinien) regulierend auf ihre Kultur Einfluss nehmen können, gehen Cameron und Quinn (2011) davon aus, dass die Veränderung der Organisationskultur vorwiegend von dem Veränderungswillen der Führungskräfte sowie Mitarbeiterinnen und Mitarbeitern abhängt (ebd., S. 135 f.). Grundsätzlich kann eine Organisation auf der inhaltlichen oder auf der strukturellen Ebene Veränderungen anstreben:

1. Auf der *inhaltlichen* Ebene können Organisationen ihre Personalrekrutierung und -entwicklung so gestalten, dass eine möglichst hohe Deckung zwischen Job-Inhalten und Persönlichkeit entsteht. In Form von fähigkeits- und motivorientierten Assessment-Centern ist dies auch eine gängige eignungsdiagnostische Praxis. *Eine Kongruenz von Fähigkeiten bzw. Persönlichkeit und Jobprofil sorgt mit einer gewissen Wahrscheinlichkeit für Kompetenzerfahrungen und Flowerleben während der Arbeit,* was im Sinne obiger New Work-Definition das Wohlbefinden begünstigt. In diesem Bereich des Matchings von Persönlichkeit und Organisationen sind zukünftig weitere Innovationen – vor allem digitaler Art – zu erwarten. Die Berufsorientierungs-Plattform „whatchado" ist dafür ein gutes Beispiel. Ein Team um den EU-Jugendbotschafter und Unternehmer Ali Mahlodji hat mit dieser Plattform ein Medium kreiert, in dem rund 6500 Berufstätige im Videoformat von ihren Lebensläufen und Jobs berichten. Auf der Grundlage von Selbsteinschätzungen werden registrierten Nutzern Videos von Personen mit ähnlichen Neigungen, Stärken und Kompetenzen gezeigt, die als Vorbilder dienen sollen. Dieses Prinzip ließe sich etwa auch auf Berufsbilder in spezifischen Organisationen ausweiten.
2. Auf der *strukturellen* Ebene kann eine Organisation versuchen, Arbeitsbedingungen an die Bedürfnisse nach Souveränität, selbstkonkordantem

Handeln und Wohlbefinden anzupassen, indem Variablen wie Führung, Interaktionen, Prozesse, Architekturen oder Routinen entsprechend verändert werden. Solche Variablen stehen im Zentrum der folgenden Kapitel.

6.3 Job Crafting

Im internationalen Vergleich ist die Arbeitszufriedenheit in Deutschland sehr niedrig (Grossenbacher 2019). Ein häufig anzutreffendes Problem in Organisationen ist, so zeigen mannigfache empirische Befunde, dass Mitarbeiter/innen nur in geringem Maße ihre Stärken einsetzen können. Empirische Daten zu diesem Phänomen liefert der Engagement-Index des US-amerikanischen Forschungsinstituts Gallup. Der Frage, ob ihnen die Arbeit täglich die Gelegenheit bietet, das zu tun, was sie am besten können, stimmt hier nur ein Drittel der deutschen Angestellten vollständig zu (Gallup 2017, S. 27). Vielleicht ist nicht zuletzt auch dies ein Grund dafür, dass sie auch überwiegend eine geringe (71 %) bis nicht vorhandene (14 %) Bindung zu ihrem Unternehmen haben. Lediglich 15 % geben eine hohe emotionale Bindung an (Gallup 2018, S. 5).

Job-Crafting stellt einen Ansatz dar, um autonomen Entscheidungen und individuellen Stärken von Angestellten in Organisationen mehr Geltung zu verschaffen. Damit ist Job-Crafting eine wichtige Innovation in Bezug auf die Forderung nach selbstkonkordantem Arbeiten, denn tatsächlich scheint es hier darum zu gehen, dieser New-Work-Forderung ein Stück näher zu kommen.

Job-Crafting basiert auf zentralen Erkenntnissen der Motivationsforschung. Insbesondere sind die Befunde der Selbstbestimmungstheorie der Motivation (Deci et al. 2017) entscheidend, der zufolge *Autonomie-* und *Kompetenzerleben,* sowie *soziale Eingebundenheit* universelle Grundbedürfnisse darstellen. Wir haben bereits gesehen, dass das Anstreben selbstkonkordanter Ziele diese psychologischen Grundbedürfnisse befriedigt und sich deshalb positiv auf das subjektive Wohlbefinden auswirkt. Sheldon und Elliot (1999) weisen als zentrales Kriterium für Selbstkonkordanz den Grad der *Identifizierung mit einem Ziel* auf (ebd., S. 484): Je mehr sich eine Person mit einem Ziel identifiziert, es für wichtig und sinnvoll erachtet, umso höher ist also die Selbstkonkordanz. Für solche, als sinnvoll erachteten Ziele nehmen Menschen auch Erfahrungen von Unlust in Kauf, da das Erreichen der langfristigen Ziele um einiges bedeutsamer ist als kurzfristige affektive Zustände.

Der Grad an Selbstkonkordanz bestimmt auch den Anstrengungsgrad, der für die Zielerreichung aufgewendet wird. Somit steigt die Wahrscheinlichkeit der

Zielerreichung, je selbstkonkordanter die jeweiligen Ziele sind (ebd., S. 482). Mit der Anwendung des Job-Crafting wird versucht, Angestellten in Organisationen größere Spielräume für selbstkonkordante Ziele zu ermöglichen. Sie erhalten somit die Chance, die Arbeit im Hinblick auf ihre individuellen Stärken und Präferenzen um- bzw. mitzugestalten. Die Management-Forscherinnen Amy Wrzesniewski und Jane E. Dutton haben Job-Crafting unter folgender Definition als erste in den wissenschaftlichen Diskurs eingeführt:

> „Wir definieren Job-Crafting als physische und kognitive Veränderungen, welche Einzelpersonen bei der Aufgaben- und Beziehungsgestaltung ihrer Arbeit vornehmen. Job-Crafting ist folglich eine Tätigkeit, und diejenigen, welche sie ausführen, sind Job-Crafter.“[1] (Wrzesniewski und Dutton 2001, S. 179)

Die anvisierten Gestaltungsspielräume betreffen die drei folgenden Bereiche:

1. den Aufgabenumfang bzw. die Aufgabenart: Angestellte können selbst (mit-) bestimmen, an welchen Projekten sie beteiligt sein möchten und welches Arbeitspensum sie in einem bestimmten Zeitraum schaffen,
2. die Art und Weise der sozialen Interaktionen und auch die freie Wahl der Interaktionspartner
3. das Einnehmen einer veränderten Perspektive auf die Bedeutung der Arbeit: Hier geht es darum, den Sinn in der eigenen Arbeit – für sich selbst, für Kunden/Klienten der Organisation, für den Fortbestand der Organisation, für die Gesellschaft – zu erkennen (ebd., S. 182).

Rose (2019) verweist darauf, dass Job-Crafting ohnehin häufig auf informelle Art und Weise von Mitarbeitenden praktiziert wird (ebd., S. 266), indem diese ohne Absprache mit Vorgesetzten ihre Tätigkeitsfelder modifizieren. Aus der Führungsperspektive geht es beim Job-Crafting also auch darum, diese Praktiken als Innovationen zu verstehen und zu wertschätzen, zumal sie offensichtlich positive Auswirkungen zeitigen: Rudolph et al. (2017) konnten in einer Metaanalyse ($N = 35670$) die Wirksamkeit des Job-Crafting in Hinblick auf erhöhte Arbeitszufriedenheit und erhöhtes Arbeitsengagement bestätigen.

---

[1]eigene Übersetzung.

6.4 Positive Leadership

Der *Positive Leadership*-Ansatz (Cameron 2013) entstand im Rahmen des Forschungsfelds *Positive Organizational Scholarship*. In Bezug auf New Work ist daran besonders interessant, dass versucht wird, sowohl Organisationen selbst als auch die dort tätigen Personen im Hinblick auf spezifische Stärken wie Wertschätzung, Sinnhaftigkeit, Weisheit, Freundlichkeit, Respekt oder Ehrlichkeit zu bewerten (Cameron et al. 2003, S. 3).

In seinem Werk *Practicing Positive Leadership* nennt Cameron (2013) vier Orientierungspunkte für Führungskräfte, welche die Entwicklung zu einer positiven Organisationskultur fördern. Diese erscheinen nicht zuletzt deshalb so ansprechend, weil sie auf eine Individualisierung des Führungsdiskurses durch „präskriptive Kompetenzmodelle" (Schröer 2018) verzichten und stattdessen Beziehungen und Ziele ins Zentrum rücken:

1. *A Culture of Abundance:* Eine Kultur der Fülle bedeutet, dass eine starke Vision dessen existiert, wofür die Organisation steht, was ihre Ziele sind und warum diese Ziele wichtig sind. Die anspruchsvollste Führungsaufgabe besteht dabei im Sicherstellen einer hohen Verbindlichkeit seitens einer großen Anzahl der Mitarbeiter/innen für diese Ziele. Cameron schlägt unter anderem vor, Verbindlichkeit über kleine, einfach zu erreichende Schritte des Wandels zu gestalten und die Nachhaltigkeit des Wandels über die Messung gesetzter Teilziele zu sichern.

2. *Positive Energy Networks:* Positive Beziehungsnetzwerke sind für Cameron das Herz von Positive Leadership (ebd. S. 49). Sie sind zum einen ausschlaggebend für die Qualität der in einer Organisation geleisteten Arbeit. Außerdem sind unterstützende und wertschätzende Beziehungen im Hinblick auf subjektives Wohlbefinden kaum zu überschätzen. Der Aspekt positiver Beziehungsnetzwerke betrifft zuvorderst die Personalrekrutierung. Cameron unterscheidet schlicht energetisierende und de-energetisierende Mitarbeiter/innen. Während letztere häufig als selbstverherrlichend, sozial uninteressiert oder unauthentisch wahrgenommen werden, gilt für erstere das Gegenteil: Solche Kolleginnen und Kollegen werden zum Beispiel als freundliche, dankbare, hilfsbereite oder besonders vertrauenswürdige Individuen geschätzt (ebd., S. 57). Für Produktivität und Wohlbefinden in einer Organisation, so Cameron, sei es wichtig, dass möglichst viele Mitarbeiter/innen dem Pool der Energetisierer/innen entstammen. Neben einer entsprechenden Sensibilität bei der Personalrekrutierung gilt es also, Angebote der Personalentwicklung

zu schaffen, welche den Aufbau und die Pflege wertschätzender Beziehungen am Arbeitsplatz zum Ziel haben. Gerade im Bereich der Positiven Psychologie werden entsprechende Interventionen erforscht und konzipiert.

3. *Deliver negative Feedback positively:* Zu positiven Beziehungen am Arbeitsplatz gehört Aufrichtigkeit. Es geht nicht darum, Fehlverhalten oder mangelhaft ausgeführte Arbeit mit einem Lächeln abzunicken. Das Überspielen potenzieller Konflikte stellt keine positive Beziehungskultur dar, sondern nicht-authentisches Führungsverhalten und Angst vor Konflikt. Von größter Bedeutung ist allerdings, *wie* negatives Feedback übermittelt wird. Denn hier besteht immer die Gefahr, dass sich das Gegenüber persönlich angegriffen fühlt und in der Folge völlig verschließt oder Widerstände aufbaut. Um dies zu vermeiden, schlägt Cameron vor, negatives Feedback deskriptiv, d. h. situationsbeschreibend zu formulieren. Der/die Feedbackgeber/in beschreibt dabei das konkrete problematische Verhalten, oder die anlassgebende Situation, ohne jedoch die Person anzugreifen. Gleichzeitig zeigt sie Alternativen zum Fehlverhalten auf. Das Feedback wird also *problemorientiert,* nicht *personenorientiert* kommuniziert. Ein erster Schritt um diesen Kommunikationsstil zu verinnerlichen, wäre das Wort „Du" bzw. „Sie" in Feedbackgesprächen vermeiden und stattdessen nur betreffendes Verhalten und unerwünschte Konsequenzen zu beschreiben (ebd. S. 89). Gleichzeitig ist es wichtig, Personen, denen Feedback über unerwünschtes Verhalten gegeben wird, wertschätzend zu begegnen. Dabei kommt es darauf an, die Stärken der betreffenden Person(en) – gerade auch im Hinblick auf Fähigkeiten in Bezug auf den zur Diskussion stehenden Sachverhalt – zu würdigen und zu signalisieren, dass man sie für kompetent hält.

4. *Establish and Achieve Everest Goals:* In diesem Punkt wirkt die gut belegte Einsicht, dass Ziele motivieren und höhere Leistungen ermöglichen. Für eine Kultur der Fülle in Organisationen empfiehlt Cameron, bei der Zielsetzung folgendes zu beachten:

   a. Die Ziele sind *positiv deviant:* Sie sind so formuliert, dass ein besonders hohes, außergewöhnliches Leistungsniveau in dem für die Organisation charakteristischen Bereich angestrebt wird.

   b. Die Ziele stehen für intrinsische Güter. Solche Güter besitzen einen Wert in sich selbst und werden folglich um ihrer selbst willen angestrebt. Sie sind kein Mittel für höhere Zwecke (z. B. Effizienz, Wachstum).

   c. Die Ziele haben eine *affirmative Orientierung.* Sie fokussieren weniger auf Probleme und Hindernisse, sondern zeigen Möglichkeiten und Potenziale auf.

d. Die Ziele sind als sogenannte *contribution goals* definiert. Contribution goals zeigen auf, inwiefern *andere* (z. B. Kunden, Klienten, Patienten, Studierende usw.) von der Zielerreichung profitieren.
e. Die Ziele wirken *energetisierend*.

6.5   Holocracy

Während *Positive Leadership* vor allem Führungsverhalten adressiert, zielt das Prinzip *Holocracy* auf die Veränderung von Organisationsstrukturen und letztlich auf die Abschaffung formaler Führungsebenen. Holocracy (zuweilen auch *Holokratie* oder *Soziokratie*) wurde von dem Software-Unternehmer Brian Robertson entwickelt und intendiert die Ersetzung klassisch-hierarchischer Organisationsstrukturen durch demokratischere Prozesse. Hierarchien und zentrale Bürokratien werden durch sich selbst organisierende Teams ersetzt, die zum Zwecke strategischer und operativer Entscheidungsfindung wiederum über übergeordnete Einheiten miteinander vernetzt sind. In jedem Team (Kreis) sind Mitglieder mit bestimmten Aufgaben und Rollen organisiert, die wiederum einzelne Personen an übergeordnete Entscheidungsteams entsenden.

Es gibt weder feste Abteilungen, noch Stellenpläne, noch Titel oder Ämter und an die Stelle des Organigramms tritt die aus fünf Hauptartikeln bestehende Holocracy-Verfassung (Schermuly 2019). Es gilt ein aufgabenorientiertes Rollenprinzip: Eine Person übernimmt in ihrem Kreis gewisse Aufgaben, die je nach Bedarf abgeändert, ergänzt oder auch wieder abgeschafft werden können. Aufgabenfelder sind also flexibel und den Mitgliedern holokratischer Organisationen steht ein hohes Maß an Mitbestimmung zu, da sie darüber entscheiden können, welche Aufgaben und Rollen sie übernehmen möchten und welche nicht.

Im Sinne eines an Selbstkonkordanz, Wohlbefinden und Souveränität orientierten New-Work-Verständnisses erscheint dieses demokratische Modell äußerst attraktiv und zahlreiche junge Start-Ups sowie NGOs adaptieren es als Organisationsprinzip. In Deutschland arbeiten beispielsweise der Verein *Mein Grundeinkommen* oder das ebenfalls in Berlin angesiedelte Unternehmen *Dark Horse* (Organisationsberatung) nach zentralen Holocracy-Prinzipien. Die Mitarbeiter/innen von Dark Horse äußern sich diesbezüglich positiv, berichten aber auch von einem hohen organisatorischen Aufwand (Hofmann et al. 2019, S. 87). Holokratische Organisationen benötigen daher in jedem Falle sozialkompetente, teamfähige Mitarbeiter/innen, die eine hohe intrinsische Motivation für Selbstorganisation und Partizipation aufweisen.

Fraglich bleibt zudem bislang, ob Holocracy oder ähnlich geartete Modelle vollständig auf Großorganisationen mit mehreren Hundert oder Tausend Mitarbeiter/innen übertragbar sind (vgl. Kühl 2019).

6.6 Souverän in Raum und Zeit

Viele Großorganisationen und Unternehmen haben jedoch im Hinblick auf Arbeitszeiten und -räume große Gestaltungsspielräume. In Deutschland betreibt das baden-württembergische Maschinenbau-Unternehmen Trumpf eine sehr innovative Arbeitszeitpolitik. Trumpf hat im Jahre 2011 die sogenannte Wahlarbeitszeit eingeführt. Dieses Modell gestattet den Beschäftigten eine flexible Arbeitszeitanpassung an ihre jeweiligen Lebensumstände. Alle zwei Jahre haben sie die Möglichkeit, ihre vertragliche Basisarbeitszeit in einer Spannbreite von 15 bis 40 Wochenstunden neu zu justieren (Hofmann et al. 2019, S. 57). Wer zum Beispiel Kinder erzieht oder andere private Angelegenheiten regeln möchte, kann seine Arbeitszeit in selbst gewähltem Umfang für eine selbst gewählte Zeit reduzieren; wer sich finanziell verbessern möchte und gerade nichts Dringenderes zu tun hat, kann die Arbeitszeit aufstocken. Außerdem führt das Unternehmen Langzeitkonten, mittels derer die Beschäftigten Zeitbudgets für Auszeiten oder auch für einen Entgeldausgleich in Phasen mit reduzierter Wahlarbeitszeit ansparen können (ebd., S. 57 f.). Schließlich bietet das Unternehmen seinen Angestellten auch im Hinblick auf ihre Jahresarbeitszeit die Möglichkeit, diese in Absprache mit Führungskräften entsprechend individueller Präferenzen zu gestalten. Im Rahmen eines Gleitzeitkontos von +200 bis −100 h können sie so bei gleichbleibendem Gehalt in einigen Monaten mehr, in anderen dafür wiederum entsprechend weniger arbeiten (ebd., S. 58). Das Unternehmen stellt damit ein Beispiel für „High-End-Arbeitszeitgestaltung" in Organisationen dar. Aber auch zahlreiche andere Organisationen versuchen gegenwärtig – beispielsweise durch Telearbeit und Homeoffice-Modelle – den Wünschen ihrer Beschäftigten nach mehr Flexibilität entgegenzukommen. Heimarbeit wird in Deutschland noch vergleichsweise wenig genutzt, scheint aber bei 40 % aller Jobs möglich zu sein (Alt 2019). Zudem steigt die Nachfrage nach Teilzeitarbeit. In Deutschland hat sich die Anzahl der in Teilzeit Beschäftigten von 2008 bis 2018 von 5,3 Mio. auf 9,1 Mio. erhöht (Bundesagentur für Arbeit 2018, S. 10). Auch wenn sie derzeit noch immer hauptsächlich von Frauen in Anspruch genommen wird, nimmt die Nachfrage auch bei Männern zu.

New Work im 21. Jahrhundert

7

Nimmt man das New-Work-Ideal selbstkonkordanter, souveräner und Wohlbefinden erzeugender Arbeit ernst, erfordert dies letztendlich in der Konsequenz ein Denken, welches über die individuelle und organisationale Ebene hinausgeht und politische Verhältnisse in den Blick nimmt.

Gerade im gegenwärtigen Diskurs entsteht schnell der Eindruck, bei New Work handele es sich ausschließlich um *Change-Management-Tools,* welche auf *Agilität, positive Führung* oder *Holocracy* abzielen. Für viele New-Work-Vertreter greift ein solches Verständnis aber zu kurz: „Wir diskutieren New Work momentan in einer Art leicht verdaulicher Managementvariante" (Furkel 2018, S. 21), kritisierte etwa der Psychologe und Autor Markus Väth im Personalmagazin. Und New-Work-Begründer Frithjof Bergmann schmähte den verkürzten Fokus auf die Management-Dimension als „Lohnarbeit im Minirock" (Hornung 2018, S. 40). Solche Kritik rührt wohl daher, dass die meisten New Work-Vertreter von humanistischen Idealen getragen sind und einen tiefgreifenden Kulturwandel anstreben, der die Gesellschaft als Ganze in den Blick nimmt. Immerhin wurde New Work einst als eine Alternative zu abhängiger Lohnarbeit und Kapitalismus ersonnen. In der postdigitalen Utopie Frithjof Bergmanns sind Menschen aus Leidenschaft tätig und zugleich auch autonome High-Tech-Produzenten, die mit digitaler Subsistenzwirtschaft (3D-Druck) Gegenstände des alltäglichen Bedarfs selbst herstellen (vgl. dazu Moorstedt 2010). Was der gegenwärtige New Work-Diskurs häufig vermissen lässt, ist die Bezugnahme auf die politische Dimension der Arbeit, gerade auch in Form solcher Utopien.

Dabei scheinen Utopien derzeit gerade eine Renaissance zu erleben (vgl. exemplarisch Bregman 2017; Precht 2018; Rosa 2019; Welzer 2019). Unsere derzeitigen ökologischen, sozialen und technologischen Herausforderungen inspirieren dazu, positive Zukunftsszenarien zu entwickeln, die Mut machen

© Springer Fachmedien Wiesbaden GmbH, ein Teil von Springer Nature 2020
B. Berend und M. Brohm-Badry, *New Work: Souveränität im postdigitalen Zeitalter,* essentials, https://doi.org/10.1007/978-3-658-29684-1_7

und Gestaltungsspielräume aufzeigen. In diesen Szenarien spielt eine grundlegend neue Arbeitswelt häufig eine tragende Rolle, weshalb wir zum Schluss einige der Ideen skizzieren wollen. Im New Work-Kontext erscheinen uns *atmende Lebensläufe, bedingungsloses Grundeinkommen* und *Postwachstumsökonomie* als besonders diskussionswürdige Konzepte, zumal sie in wissenschaftlichen und/oder politischen Diskursen bereits eine gewisse Sichtbarkeit erreicht haben. Bevor wir näher auf sie eingehen, stellen wir *Reallabore* als experimentelle Methode gesellschaftlichen Fortschritts vor, um zu zeigen, dass Utopien dann eine sinnvolle Rolle in der Gestaltung von Politik haben, wenn wir sie nicht als technokratische Betriebsanleitungen, sondern als kooperative Experimente betrachten.

7.1 Reallabore

Das 20. Jahrhundert hat auf mannigfaltige Weise das Scheitern von Utopien und ihren Missbrauch durch Diktaturen dokumentiert, was zu einer nachhaltigen Utopie-Skepsis in unserer Gesellschaft beigetragen haben dürfte. Dennoch erfüllen Utopien eine wichtige Funktion: Als Visionen einer besseren Welt erinnern sie uns – sofern sie von einem humanistischen Geist geprägt sind – daran, dass Politik ein Mittel ist, um das blühende Leben einer Gesellschaft zu fördern. Indem Utopien wünschenswerte Zielzustände beschreiben, bereichern sie den politischen Diskurs und motivieren potenziell zu politischem Handeln. Somit beugen sie vielleicht auch einem vertrauten Politikstil vor, den Jürgen Habermas einmal als *„demoskopiegeleitete Machtpragmatik"* charakterisiert hat (Habermas 2011). Doch wie soll der praktische Umgang mit Utopien aussehen, wenn wie oben angedeutet, ideologischer Missbrauch naheliegt? Es braucht absichernde Methoden, um Brücken zwischen Utopie und Politik zu schlagen. Beispielsweise Reallabore:

> „Mit diesen wird der Begriff des Labors über seine klassische natur- und ingenieurwissenschaftliche Bedeutung hinaus erweitert und auf einen sozialen Kontext angewandt, in dem wissenschaftlich initiierte und begleitete Innovationen erfolgen, um Wissen über Transformationsprozesse für und mit den gestaltenden Akteuren zu gewinnen." (Lange 2014, S. 17)

Reallabore sind gesellschaftliche Experimentierräume, in denen es darum geht, „praxisrelevantes Wissen und konkrete Lösungen für die großen gesellschaftlichen Herausforderungen der Zukunft zu entwickeln" (Universität Stuttgart 2019). Es kann sich zum Beispiel um Kooperationen von Städten, Gemeinden und Unternehmen mit politischen und wissenschaftlichen Akteuren handeln.

In Deutschland hat das Land Baden-Württemberg eine Vorreiterstellung im Einsatz von Reallaboren inne. Bislang kommen sie dort zumeist in umweltpolitischen Kontexten zum Einsatz. Beispielsweise wird im *Future City Lab Stuttgart* u. a. mittels einer Mobilitätsschule, Umnutzungsprojekten für den öffentlichen Raum oder materiellen Anreizen für die Nutzung von Fahrrädern eine nachhaltige Mobilitätskultur erforscht (ebd.).

Im New Work-Kontext sind Reallabore deshalb so interessant, weil sie gewissermaßen eine methodische Fortsetzung der frühen Experimente in Detroit bilden. Neue Arbeitsformen könnten so auf mehreren Ebenen erprobt werden. Denkbar wären beispielsweise Reallabore, die alternative Arbeitszeitmodelle in Organisationen mit Bildungsangeboten zur Persönlichkeitsentwicklung und Innovationen im Arbeitsrecht[1] miteinander kombinieren. Denn Reallabore bieten den Vorteil, dass komplexe Transformationsprozesse zunächst auf der Mikroebene (d. h. in einzelnen Städten, Gemeinden, Firmen usw.) erprobt und wissenschaftlich begleitet werden. Bevor es zur Gesetzgebung kommt, besteht so die Möglichkeit der Erfassung nicht intendierter Handlungsfolgen und entsprechender Korrekturen. Reallabore sind somit nicht nur eine wissenschaftliche, sondern auch eine demokratische Innovation. Sie erfordern Partizipation, weshalb mit ihnen auch die Hoffnung einhergeht, dass sie der verbreiteten Politikverdrossenheit entgegenwirken könnten.

7.2 Atmende Lebensläufe

Unter dem Begriff *Atmende Lebensläufe* werden verschiedene Gegenmodelle zur klassischen Normbiografie diskutiert. Letztere beschrieb New Work Begründer Bergmann so:

> „Die meisten Menschen unterteilen ihr Leben immer noch in drei Abschnitte. Eine lange vorbereitende Periode, in der sie lernen und nicht arbeiten, gefolgt von dem Hauptteil, in dem viele nur noch arbeiten und das Lernen aufhört, und einem durch den medizinischen Fortschritt immer länger werdenden letzten Abschnitt, in dem sie nicht mehr arbeiten und meistens auch nichts mehr hinzulernen" (Bergmann 2004, S. 343).

---

[1]Gerade das Arbeitsrecht bedarf, wie der Philosoph Philip Kovce kürzlich ausgeführt hat, einer Aktualisierung, da es einer Zeit entstammt, „[…] die zwar standesgemäß Vorgesetzte und Untergebene kannte, aber keine mündigen Bürger" (Kovce 2018). Wenn aber an Souveränität und Selbstkonkordanz gelegen ist, muss das Arbeitsrecht dahingehend verändert werden, dass es Arbeitsverträge auf Augenhöhe begründet „[…] und die anachronistische Unterscheidung zwischen Arbeitgebern und Arbeitnehmern" (ebd.) aufhebt. Hier könnten Reallabore als Vorläufer für entsprechende Reformen in der Gesetzgebung fungieren.

Solche klassischen Normbiografien entsprechen bereits heute immer seltener der Norm. Sie widersprechen auch ein ganzes Stück weit einer auf Souveränität und Selbstkonkordanz abzielenden Arbeitskultur. Denn individuelle Vorlieben, Fähigkeiten und nicht zuletzt die jeweils zur Verfügung stehenden Zeitressourcen *ändern* sich im Laufe eines Lebens.

Die Modelle *atmender Lebensläufe* stellen sozialpolitische Vorschläge dar, welche die individuelle Souveränität im Umgang mit den eigenen zeitlichen Ressourcen erhöhen sollen. Es gibt folglich noch kein einheitliches Modell, den Vorschlägen ist lediglich diese Forderung nach einer stärkeren gesellschaftlichen Wertschätzung von Zeitsouveränität gemein. So plädiert beispielsweise der Deutsche Juristinnenbund für ein Wahlarbeitszeitgesetz. Die Realisierung dieses Modells würde gewissermaßen die fortschrittliche Arbeitszeitpolitik des Unternehmens Trumpf in einen allgemeinen Rechtsanspruch für Arbeitnehmer/innen verwandeln, und zwar auf eine dem jeweiligen Bedarf anzupassende Änderung der Arbeitszeit (Deutscher Jurisitinnenverbund 2016, S. 16). Noch einen Schritt weiter gehen die Ideen von Jurczyk und Mückenberger (2016), welche die Einführung von Zeitkonten mit Ziehungsrechten vorschlagen:

> „Mit diesem Instrument sollen Zeiten, die heute in Erwerbsarbeit gebunden sind, teilweise anderen Lebenszielen und Zeitverwendungszwecken verfügbar gemacht werden. Care für Andere und sich selbst, Kindererziehung und Pflege, Bildung, zivilgesellschaftliches Engagement und Auszeiten zur persönlichen Weiterentwicklung sollen aufgrund ihrer hohen gesellschaftlichen Relevanz für den sozialen Zusammenhalt gleichwertige oder zumindest ähnliche Legitimität und gesellschaftliche Anerkennung wie der Erwerbsarbeit zuteilwerden" (ebd., S. 2).

Der Vorschlag lautet also, Erwerbstätigen ein Zeitkonto von beispielsweise fünf bis acht[2] Jahren zu gewähren, von welchem sie je nach individueller Lebenssituation Auszeiten – z. B. für die Erziehung ihrer Kinder, eine ausgedehnte Reise oder die Pflege von Angehörigen – nehmen könnten.

Mit allen Varianten *atmender Lebensläufe* sind Hoffnungen auf eine verbesserte Lebensqualität verbunden. Neben mehr Zeit für Beziehungen und Bildung stehen vor allem auch Geschlechtergerechtigkeit und die Anerkennung von Sorgearbeit als „richtiger" Arbeit im Fokus. Während sich in Deutschland die Erwerbstätigenquote von Frauen zwischen 1991 und 2017 von 57 auf 71,5 %

---

[2]Bezüglich der Größe des Zeitkontos existieren unterschiedliche Vorstellungen. Es ist die Rede von einem Fünftel, oder einem Drittel bis zu einem Sechstel der Erwerbsbiographie, vgl. Mückenberger (2016), S. 28 und Jurczyk (2016), S. 25.

erhöht hat (WSI 2019), verbringen sie noch immer mehr Zeit mit unbezahlten Care-Tätigkeiten (z. B. Kindererziehung, Haushaltstätigkeiten) als Männer. Zudem machen Frauen mit 47,7 %[3] viel häufiger von ihrem Recht auf Teilzeitbeschäftigung Gebrauch als Männer mit 10,9 % (Bundesagentur für Arbeit 2019, S. 10). Folglich sind sie schlechter gegen Risiken im beruflichen (z. B. Jobverlust) und privaten Leben (z. B. Altersarmut) abgesichert (Fratzscher 2019). Diese Geschlechterungleichheit ist in hohem Maße strukturell bedingt. Als zeitpolitische Interventionen haben *atmende Lebensläufe* nicht zuletzt die Überwindung dieser Ungleichheiten im Blick.[4]

Was die Finanzierung und weitere Ausgestaltung *atmender Lebensläufe* betrifft, so existieren auch hier unterschiedliche Vorschläge: Mau (2016) bringt zur Finanzierung die Erhöhung der Erbschaftssteuer ins Spiel (ebd., S. 22). Der Arbeitsrechtler Ulrich Mückenberger diskutiert *atmende Lebensläufe* im Kontext einer Entkopplung von Einkommen und Erwerbsarbeit. Damit *atmende Lebensläufe* in einem solchen Kontext funktionieren könnten ohne einkommensschwache Bevölkerungsteile zu exkludieren, müsste es seiner Ansicht nach ein Grundeinkommen als Sicherungssystem gegeben (Mückenberger 2016, S. 30).

7.3   Bedingungsloses Grundeinkommen

In seinem Work Report zitiert Ali Mahlodji eine repräsentative Studie der Bertelsmann-Stiftung, wonach sich 80 % der Deutschen im Jahre 2012 eine andere Wirtschaftsordnung wünschten, welche sozialen Ausgleich und Umweltschutz stärker berücksichtigt (Mahlodji 2018, S. 33). Denkbar wäre etwa die Einführung eines bedingungslosen Grundeinkommens (BGE) immerhin spricht sich laut Wirtschaftswoche eine Mehrheit der Deutschen für ein solches aus (Wirtschaftswoche 2017). Ein BGE bedeutet, dass ein Staat seinen Bürgerinnen und Bürgern

---

[3]Der Wert bezieht sich auf die Beschäftigungsquote, d. h. der Anteil sozialversicherungspflichtig Beschäftigter an der Gesamtbevölkerung.

[4]In diesem Zusammenhang sind die Berichte Bergmann's interessant, wonach bereits die ersten New-Work-Projekte vor allem auf positive Resonanz bei Frauen trafen, während Männer sich nur schwer von ihrer Identifikation mit der Lohnarbeit lösen konnten: „Für die meisten Männer war dies eine unmittelbare Hürde; ihre Selbstachtung und ihre Identität zugleich standen auf dem Spiel. Nicht so für die Frauen. Für sie war das eine Selbstverständlichkeit, lange bevor irgendjemand etwas von Neuer Arbeit gehört hatte" (Bergmann 2004, S. 149).

ohne Feststellung von Bedürftigkeit einen monatlichen Grundbetrag zur Existenzsicherung bereitstellt. Was die Höhe dieses Betrages angeht, stehen verschiedene Vorschläge im Raum: Götz Werner, der Gründer der dm-Drogeriemärkte, der im deutschen Sprachraum entscheidend zur Popularität der Idee beigetragen hat, plädiert für 1000 EUR pro Monat, während etwa der Philosoph Richard David Precht mindestens 1500 EUR fordert (Precht 2018, S. 132).

Aus der Sicht unseres New Work-Verständnisses ist ein Grundeinkommen dann attraktiv, wenn es allen Mitgliedern der Gesellschaft ausreichende ökonomische Ressourcen zur Verfügung stellt, um die Wahl ihrer Arbeit, ja ihres ganzen Lebensentwurfs stärker an Souveränität und Selbstkonkordanz ausrichten zu können. Denn auch wenn souveränes, selbstkonkordantes Verhalten erlernt werden kann, handelt es sich dabei nicht um eine rein psychologische Größe. Souveränität und Selbstkonkordanz sind auch von handfesten ökonomischen Gegebenheiten abhängig. Nur wer nicht von Existenzangst getrieben jeden „Bullshit-Job" (Graeber 2018) annehmen muss, kann souverän entscheiden, für welche Tätigkeiten er seine Lebenszeit wirklich nutzen möchte. Daher bemerkt der Soziologe Hartmut Rosa zum Grundeinkommen:

> „Es gewinnt seine Attraktivität gerade nicht aus einem Steigerungs- und Zuwachsversprechen, wie es sich etwa in der unabschließbaren Folge von Lohnkämpfen materialisiert, sondern daraus, dass es den Grundmodus des In-der-Welt-Seins von *Kampf* auf *Sicherheit* umzustellen vermöchte und damit die existenzielle *Angst* […] aus dem Spiel nähme […]" (Rosa 2019, S. 730).

Dass Rosas Annahme zutrifft, zeigt sich etwa in den Interviews, die Michael Bohmeyer und Claudia Cornelsen (2019) mit Menschen geführt haben, die auf der Plattform *Mein Grundeinkommen* eines der bereits 487[5] dort verlosten Grundeinkommen gewonnen haben. Über die Erfahrung, ein Jahr lang monatlich einfach so 1000 EUR zu erhalten berichtet dort eine 69-Jährige:

> „Das war das erste Mal das Gefühl von einer Sicherheit, dass ich nicht mehr abhängig bin von dem, was da draußen passiert, sondern dass ich in Sicherheit bin. Das ist ein Gefühl, das kann man gar nicht beschreiben. […] Das Grundeinkommen hat mein Bewusstsein geschärft, was Menschsein überhaupt bedeutet. Hier in dieser Welt teilhaben zu können, ins Theater zu gehen. Das war ja vorher alles nicht möglich mit dem, was ich hatte" (ebd., S. 192).

---

[5]Stand: 16.12.2019, Quelle: https://www.mein-grundeinkommen.de/.

Für die Realisierung eines BGE lässt sich aber auch im Hinblick auf die eingangs zitierten Automatisierungsszenarien argumentieren. Denn warum sollte eine post-digitale Gesellschaft mit zunehmender Arbeitslosigkeit ihre Mitglieder weiter mit steuerfinanzierten Behörden auf Bedürftigkeit prüfen und einem rigiden Arbeits-regime unterwerfen? Eine solche Gesellschaft, die Arbeit einerseits immer weiter automatisiert und andererseits an einem Ethos der Arbeitspflicht festhält, mutet absurd an.

Sollte die Digitalisierung zu einem „zweiten Maschinenzeitalter" führen, wie Brynjolfsson und McAfee (2014) annehmen, stellt sich die Frage nach der Ver-teilung von Wohlstand von Grunde auf neu. Denn in einem solchen Falle stei-gen einerseits die Gewinne von Unternehmen mit hoher Digitalisierungsquote, während im gleichen Atemzuge weniger Einkommenschancen für eine steigende Anzahl von Menschen zur Verfügung stehen (Tegmark 2017, S. 181 f.). Ohne politische Regulierung nimmt dann die ökonomische Ungleichheit weiter zu. Wohl nicht zuletzt aus diesem Grunde argumentieren seit einer Weile auch Ikonen des Silicon Valley wie Marc Zuckerberg oder Elon Musk für ein BGE (Daum und Spelge 2019). Denn: Schwinden einem Großteil ihrer Kunden digitalisierungs-bedingt die Einkommen, dann werden auch ihre Waren und Dienstleistungen samt Werbung und Datenverkäufen hinfällig (ebd., S. 74 f., Precht 2018, S. 127).

Da die zahlreichen BGE-Befürworter/innen sich aus sämtlichen politischen Richtungen und gesellschaftlichen Schichten rekrutieren, unterscheiden sich die Modelle zuweilen erheblich. Vor allem gilt dies im Hinblick auf die Höhe des Grundeinkommens und die Art der Finanzierung. Was Letztere angeht, ste-hen so unterschiedliche Vorschläge wie erhöhte Konsumsteuern, Robotersteuer, Ressourcenbesteuerung (CO_2-Steuer) oder eine Finanztransaktionssteuer zur Dis-kussion. Entscheidend ist die prinzipielle Finanzierbarkeit eines BGE.

Auch das mancherorts kursierende Vorurteil, wonach Menschen nicht mit geschenktem Geld umgehen könnten, scheint widerlegt. Der niederländische Ökonom Rutger Bregman hebt unter Bezugnahme auf Studien aus der Armuts-forschung hervor, dass es einen „Zusammenhang zwischen auflagenfreien Zuschüssen und einer Verringerung von Kriminalität, Kindersterblichkeit, Mangelernährung, Teenagerschwangerschaften und Schulabwesenheit sowie einer Steigerung der schulischen Leistungen, des Wirtschaftswachstums und der Gleichberechtigung der Geschlechter gibt" (Bregman 2017, S. 37 f.) Aufgrund der Vielzahl solcher Hinweise zur Wirksamkeit von Direktzahlungen hat die Non-Profit-Organisation *Give directly* 2016 in Kenia ein auf zehn Jahre angelegtes Grundeinkommen-Experiment mit 6000 Beteiligten gestartet (Spiegel Online 2016). In diesem Zusammenhang ist auch das kanadische *Mincome*-Experiment aus den 70er Jahren interessant, welches einen der größten Feldversuche mit einem BGE darstellt. Die Forscherin Evelyn L. Forget fand 2011 in einer rekonstruktiven Studie unter anderem heraus, dass die Krankenhausaufenthalte, insbesondere aufgrund von psychischen Erkrankungen unter den 1000 begünstigten Familien im Zeitraum des Experiments um 8,5 % zurückgingen (Forget 2011, S. 283, Bregman 2017, S. 44 f.).

Im Hinblick auf New Work erscheint das BGE daher als eine attraktive Option.[6] Gegenwärtig stellt sich die Frage nach einer neuen Arbeitskultur jedoch noch aus einer anderen Blickrichtung heraus – die Rede ist von der Ökologie.

7.4 Postdigitalisierung und Postwachstum

> „Es ist so viel besser heute: der Friede, die Lebensdauer, der Friede, die Schmerzmittel, der Friede, die Sozialversicherung, der Friede, die Stromversorgung, der Friede, die Hygiene und die Palliativpflege, der Friede, der abgeschaffte Militärdienst und die abgeschaffte Todesstrafe, der Friede, der Naturvertrag, der Friede, die Reisen, der Friede, die leichtere Arbeit, der Friede, die geteilten Mitteilungen, der Friede [...]" (Serres 2019, S. 76).

Der kürzlich verstorbene französische Philosoph Michel Serres liegt richtig, wenn er die gewaltigen Fortschritte würdigt, die zahlreiche Länder im Laufe des letzten Jahrhunderts zu verzeichnen haben. Heute leben wir in Europa gesünder, länger und selbstbestimmter, haben mehr Rechte, sind weniger kriminell und besser gebildet als je zuvor, haben Zugang zu hochwertigen Lebensmitteln und globaler Kommunikation. Dieses *Mehr* an wertvollen Elementen eines *guten Lebens* ist nicht zuletzt das Ergebnis eines Wachstumsdenkens, welches zuvorderst unsere Wirtschaft, daran anknüpfend aber fast alle gesellschaftlichen Bereiche betrifft. Der bereits im vorangehenden Kapitel zitierte Hartmut Rosa spricht von einer genuinen *Steigerungslogik,* mit welcher moderne Gesellschaften alle erdenklichen Annehmlichkeiten in Reichweite bringen, dabei aber – und das ist hier der springende Punkt – „[...] die Bedingungen für die Verwirklichungen eines guten Lebens [...] strukturell untergraben" (Rosa 2019, S. 19).

Konkret betrifft dieses Untergraben zum Beispiel die nicht eingepreisten ökologischen Folgekosten von Überproduktion und Überkonsumtion. Während wir diesen Band schreiben, demonstrieren weltweit wöchentlich Millionen Schüler/innen für eine nachhaltigere Politik. Was sie für sich und die ihnen nachfolgenden

---

[6]auch wenn New Work-Begründer Frithjof Bergmann hier anderer Meinung ist als wir.

Generationen einfordern, ist genau jenes gute Leben, dessen zukünftiger Fortbestand im Falle einer Fortsetzung des jetzigen Modells unwahrscheinlich geworden ist. Angesichts einer sich auf 10 Mrd. Menschen zubewegenden Weltbevölkerung stößt unsere Wirtschaftsweise an die ökologischen Grenzen des Planeten (Emmott 2013).

Und diese ökologische Frage ist zutiefst mit unserer Kultur des Arbeitens verflochten. In seinem Artikel „Ecology and New Work" bemerkte Frithjof Bergmann (1999) dazu:

> „Jegliche Anstrengung, die Konsumtion zu reduzieren, ein Stück Wald oder eine bestimmte Fisch-Spezies zu retten ist verloren, ist grundlegend wertlos, wenn sie nicht bei der Verschränkung des Job-Systems ansetzt" (ebd., S. 5).[7]

Vergegenwärtigen wir uns noch einmal Bergmann's postdigitale Utopie: Menschen verbringen nur noch ein Drittel ihrer Zeit mit Erwerbsarbeit. Ein weiteres Drittel nutzen sie, um High-Tech-Eigenproduktion zu betreiben, stellen also selbst Dinge ihres täglichen Bedarfs mit 3D-Druckern her. Das letzte Drittel gehen sie selbstkonkordanten Beschäftigungen nach, die sie leidenschaftlich gerne tun. Wir dürfen annehmen, dass eine solche, fundamental andere Organisation der Arbeitswelt signifikante ökologische Auswirkungen hätte: Die drastische Reduktion der Erwerbsarbeitszeit hieße entsprechend weniger Berufs- und Pendelverkehr, weniger Ressourcenverbrauch für Gebäude, Mobilität, Transport und Produktion. Vermehrte Eigenproduktion hieße ebenfalls weniger Ressourcenverbrauch, denn weniger Rohstoffe und Waren müssten den Globus umrunden. Noch deutlicher zeigt sich dies, wenn man die von Bergmann anvisierte Souveränität des Herstellens nicht auf den High-Tech-Bereich beschränkt, sondern auf eine lokale bzw. regionale Landwirtschaft ausweitet.

Es erstaunt daher kaum, dass gegenwärtig ganz ähnliche Ideen unter den Schlagwörtern *Postwachstumsökonomie* und *Suffizienz* (Selbstbegrenzung) diskutiert werden. Internationaler Vordenker der Postwachstums-Bewegung ist Tim Jackson. Der britische Ökonom denkt darüber nach, die vorhandene Arbeit gleichmäßiger auf die Bevölkerung zu verteilen (Jackson 2011, S. 142). In Deutschland wird am *Kolleg Postwachstumsgesellschaften* der Universität Jena und auch am *Wuppertal Institut für Klima, Umwelt, Energie* zu verwandten Themen geforscht. Uwe Schneidewind, Ökonom und Präsident des

---

[7]Eigene Übersetzung.

Wuppertal Instituts, schlägt eine Wohlstands- und Konsumwende vor, für die er in Anschluss an Wolfgang Sachs *Entrümpelung* (Puristische Lebensmodelle, schlanke und ökologisch optimierte Handelssortimente, Stärkung der Reparaturkultur), *Entschleunigung* (Lebensdauerverlängerungen und 10-Jahres-Garantien für Gebrauchsgüter, langsame und zuverlässige Logistik, Tempolimits, Förderung von Zeitwohlstand *z. B. durch atmende Lebensläufe, Anm. d. Autoren*), *Entflechtung* (Regionale Produkte, regionalisierte Logistik, höhere Besteuerung fossiler Energieträger, Share-Economy) und *Entkommerzialisierung* (Stärkung öffentlicher Einrichtungen wie Parks oder Schwimmbäder, Open-Source-Communities, Eigenversorgung) als Leitideen anführt (Schneidewind 2018, S. 183, Scheidewind und Zahrnt 2017, S. 51–70).

Auch Niko Paech, Umweltökonom an der Universität Siegen, schlägt eine Reduktion der Arbeitszeit vor: In seiner Postwachstums-Utopie gibt es eine 20-Stunden-Woche bezahlter Erwerbsarbeit, die übrige Zeit könnte auf entkommerzialisierte Bereiche wie Ehrenamt, Erziehung, Eigenproduktion oder schlichtweg Freizeit verwendet werden (ebd., S. 151). Im Hinblick auf das aus seiner Sicht abzulösende Wirtschafts- und Arbeitsmodell schreibt er:

„Derzeit verzetteln wir uns in einer reizüberfluteten Konsumsphäre, die unsere knappste Ressource aufzehrt, nämlich Zeit. Durch den Abwurf von Wohlstandsballast hätten wir die Chance, uns auf das Wesentliche zu konzentrieren, statt im Hamsterrad der käuflichen Selbstverwirklichung zusehends Schwindelanfälle zu erleiden. Wenige Dinge intensiver zu nutzen und zu diesem Zweck bestimmte Optionen einfach souverän zu ignorieren, bedeutet weniger Stress und damit mehr Glück. Und überhaupt: Das einzig noch verantwortbare Gestaltungsprinzip für Gesellschaften und Lebensstile im 21. Jahrhundert heißt Reduktion [...]" (Paech 2018, S. 11).

Wenn New Work im Kern die Souveränität bedeutet, das zu tun, was man wirklich, wirklich will, so könnte man hier zu guter Letzt ergänzen: New Work impliziert auch, zukünftig souverän auf das zu verzichten, was man für ein gutes Leben wirklich, wirklich nicht braucht.

Was Sie aus diesem *essential* mitnehmen können

- New Work ist ein von Frithjof Bergmann konstruierter Ansatz zur Gestaltung von Arbeitsumfeldern, der gegenwärtig vielerlei Anknüpfungspunkte in Organisationen bietet, beispielsweise Job-Crafting, innovative Arbeitszeitmodelle oder Holocracy.
- Kohärenz – als Stimmigkeit mit den eigenen Werten und Charakterstärken, ist die Grundbedingung, um das zu arbeiten, was man „wirklich, wirklich will".
- Das New Work-Ideal des „wirklich, wirklich Wollens" erfordert sowohl eine ermutigende Bildung, als auch mutige gesellschaftliche Erneuerungen, welche in Reallaboren entwickelt und erprobt werden sollten.

© Springer Fachmedien Wiesbaden GmbH, ein Teil von Springer Nature 2020   41
B. Berend und M. Brohm-Badry, *New Work: Souveränität im postdigitalen
Zeitalter*, essentials, https://doi.org/10.1007/978-3-658-29684-1

Literatur

Alt, F. (Hrsg.). (12. Januar 2019). Wird Homeoffice zur neuen Normalität? *Telepolis.* https://www.heise.de/tp/features/Wird-Homeoffice-zur-neuen-Normalitaet-4272487. html?fbclid=IwAR38uiFl5NoacrxtLX3z_-TAr_lqxRwT1f0kEuCdMNkAsAvb1zEfUq- 3BA9o. Zugegriffen: 19. Febr. 2019.

Benenson, F. (Hrsg.). (2019). AI is coming for your favorite menial tasks. As AI gets better at performing routine tasks traditionally done by humans, only stressful ones will be left. The work experience could suffer. *The Atlantic.* https://www.theatlantic.com/ ideas/archive/2019/09/artificial-intelligence-will-make-your-job-even-harder/597625/. Zugegriffen: 16. Sept. 2019.

Berend, B., & Brohm-Badry, M. (2020). Positive Psychologie und New Work. In M. Brohm-Badry, C. Peifer, J. M. Greve, & B. Berend (Hrsg.), *Zusammen wachsen. Förderung der positiv-psychologischen Entwicklung von Individuum, Organisation und Gesellschaft* (1. Aufl., S. 100–110). Lengerich: Pabst Science Publishers.

Bergmann, F. (1996). *On being free.* Univ. of Notre Dame Press: Notre Dame. (7. printing).

Bergmann, F. (1999). Ecology and new work. Excess consumption and the job system. In J. B. Schor & D. B. Holt (Hrsg.), *The consumer society reader.* New York: New Press. http://www.neuearbeit-neuekultur.de/archiv/EcologyAndNewWork.pdf. Zugegriffen: 6. Aug. 2019.

Bergmann, F. (2004). *Neue Arbeit, neue Kultur* (1. Aufl.). Freiamt im Schwarzwald: Arbor-Verl.

Bergmann, F. (2019). *New work, new culture: Work we want and a culture that strengthens us.* Washington: Zero Books.

Bergmann, F. & Krabel, A. (2017). „Jeder will etwas tun". Interview mit Frithjof Bergmann, Arbeit und Arbeitsrecht. 9. https://arbeit-und-arbeitsrecht.de/newwork. Zugegriffen: 5. Juni 2018.

Bieri, P. (2006). *Das Handwerk der Freiheit. Über die Entdeckung des eigenen Willens* (Lizenzausg., 6 Aufl., Bd. 15647). Frankfurt a. M.: Fischer.

Bohmeyer, M., & Cornelsen, C. (2019). *Was würdest du tun? Wie uns das Bedingungslose Grundeinkommen verändert: Antworten aus der Praxis.* Berlin: Econ.

Bonin, H., Gregory, T. & Zierahn, U. (2015). Übertragung der Studie von Frey/Osborne (2013) auf Deutschland. ZEW Kurzexpertise, Zentrum für Europäische Wirtschaftsforschung.

© Springer Fachmedien Wiesbaden GmbH, ein Teil von Springer Nature 2020   **43**
B. Berend und M. Brohm-Badry, *New Work: Souveränität im postdigitalen Zeitalter,* essentials, https://doi.org/10.1007/978-3-658-29684-1

https://www.econstor.eu/bitstream/10419/123310/1/82873271X.pdf. Zugegriffen: 12. Sept. 2019.

Bregman, R. (2017). *Utopien für Realisten. Die Zeit ist reif für die 15-Stunden-Woche, offene Grenzen und das bedingungslose Grundeinkommen* (2. Aufl.). Reinbek bei Hamburg: Rowohlt.

Brohm, M. (2017). *Werte, Sinn und Tugenden als Steuerungsgrößen in Organisationen: Für Fach- und Führungskräfte.* Wiesbaden: Springer VS.

Brohm-Badry, M. & Berend, B. (2017). Positive Psychologie: Grundlagen, Geschichte, Elemente, Zukunft. https://www.uni-trier.de/fileadmin/fb1/prof/PAD/BW2/Berend/Grundlagen_Positive_Psychologie_01.pdf. Zugegriffen: 20. Febr. 2019.

Brohm-Badry, M., Peifer, C., & Greve, J. M. (Hrsg.). (2017). *Positiv-Psychologische Forschung im deutschsprachigen Raum – State of the Art. Mit einem Gastbeitrag von Falko Rheinberg.* Lengerich: Pabst Science Publishers.

Brohm-Badry, M., Peifer, C., Greve, J. M., & Berend, B. (Hrsg.). (2020). *Zusammen wachsen. Förderung der positiv-psychologischen Entwicklung von Individuum, Organisation und Gesellschaft* (1. Aufl.). Lengerich: Pabst Science Publishers.

Bruegel (Hrsg.). (2014). Chart of the Week: 54% of EU jobs at risk of computerisation. Bruegel. http://bruegel.org/2014/07/chart-of-the-week-54-of-eu-jobs-at-risk-of-computerisation/. Zugegriffen: 20. Febr. 2019.

Brynjolfsson, E., & McAfee, A. (2014). *The second machine age. Work, progress, and prosperity in a time of brilliant technologies.* New York: Norton.

Bundesagentur für Arbeit. (2019). Die Arbeitsmarktsituation von Frauen und Männern 2018. https://statistik.arbeitsagentur.de/Statischer-Content/Arbeitsmarktberichte/Personengruppen/generische-Publikationen/Frauen-Maenner-Arbeitsmarkt.pdf. Zugegriffen: 18. Aug. 2019.

Cameron, K. S. (2013). *Practicing positive leadership. Tools and techniques that create extraordinary results.* San Francisco: Berrett-Koehler. (A BK business book, First edition).

Cameron, K. S., & Quinn, R. E. (2011). *Diagnosing and changing organizational culture. Based on the competing values framework* (3. Aufl.). San Francisco: Jossey-Bass.

Cameron, K. S., Dutton, J. E., & Quinn, R. E. (2003). Foundations of positive organizational scholarship. In K. S. Cameron, J. E. Dutton, & R. E. Quinn (Hrsg.), *Positive organizational scholarship. Foundations of a new discipline* (1. Aufl., S. 3–13). San Francisco: Berrett-Koehler.

Cameron, K. S., Dutton, J. E., & Quinn, R. E. (Hrsg.). (2003). *Positive organizational scholarship. Foundations of a new discipline.* San Francisco: Berrett-Koehler.

Daheim, C., Wintermann, O. (Bertelsmann Stiftung, Hrsg.). (2016). 2050: Die Zukunft der Arbeit. Ergebnisse einer internationalen Delphi-Studie des Millenium-Project. https://www.bertelsmann-stiftung.de/fileadmin/files/BSt/Publikationen/GrauePublikationen/BST_Delphi_Studie_2016.pdf. Zugegriffen: 16. Febr. 2019.

Daum, T., & Spelge, L. (2019). Risikokapital für alle. Das Silicon Valley und das BGE – Stimmen aus dem Silicon Valley. In W. Rätz, D. Paternoga, J. Reiners, & G. Reipen (Hrsg.), *Digitalisierung? Grundeinkommen!* (kritik & utopie, 1. Aufl., S. 65–78). Wien: Mandelbaum.

Deci, E. L., Olafsen, A. H., & Ryan, R. M. (2017). Self-Determination theory in work organizations: The state of a science. *Annual Review of Organizational Psychology and Organizational Behavior, 4,* 19–43.

Deutscher Juristinnenverbund. (2016). Konzeption eines Wahlarbeitszeitgesetzes. Kurzfassung. *Zeitpolitisches Magazin 13*(28), 13–16. http://www.zeitpolitik.de/pdfs/zpm_28_0716.pdf. Zugegriffen: 25. Aug. 2019.

Emmott, S. (2013). *Zehn Milliarden* (1. Aufl.). Berlin: Suhrkamp. (dt. Erstausg).

Etzioni, A. (1964). *Modern Organizations*. Englewood Cliffs: Prentice-Hall.

Etzioni, A. (1973). *Soziologie der Organisationen* (Grundfragen der Soziologie, 4. Aufl., Bd. 12). München: Juventa Verlag.

Forget, E. L. (2011). The town with no poverty: The health effects of a canadian guaranteed annual income field experiment. *Canadian Public Policy 37*(3), 283–305. https://www.utpjournals.press/doi/pdf/10.3138/cpp.37.3.283. Zugegriffen: 28. Sept. 2019.

Fratzscher, M. (8. März 2019). Der Internationale Frauentag ist ein Männertag. Kolumne. *Die Zeit.* https://www.zeit.de/wirtschaft/2019-03/gender-care-gap-frauen-hausarbeit-sonntage-feiertage-studie. Zugegriffen: 25. Aug. 2019.

Frey, C. B. & Osborne, M. (2013). The future of employment. How susceptible are jobs to computerisation?, Oxford Martin Programme on Technology and Employment. http://sep4u.gr/wp-content/uploads/The_Future_of_Employment_ox_2013.pdf. Zugegriffen: 12. Sept. 2019.

Frey, C. B. & Osborne, M. A. (2017). The future of employment: How susceptible are jobs to computerisation? *Technological forecasting and social change 114*, 254–280. https://www.oxfordmartin.ox.ac.uk/downloads/academic/The_Future_of_Employment.pdf. Zugegriffen: 2. Aug. 2018.

Furkel, D. (2018). Was aus dem Wunsch nach Wandel wurde. *Personalmagazin, 09*, 20–24.

Gallup. (2017). Präsentation zum Gallup Engagement Index Deutschland 2016. 02.05.2018. http://www.gallup.de/file/184010/Praesentation%20zum%20Gallup%20Engagment%20Index%202016.pdf?g_source=link_intdede&g_campaign=item_183104&g_medium=copy.

Gallup. (2018). Engagement Index Deutschland. https://www.gallup.de/file/245450/Engagement_Index_2018_Presentation.pdf?g_source=link_intdede&g_campaign=item_183104&g_medium=copy. Zugegriffen: 14. Jan. 2019.

Göhlich, M., Schröer, A. & Weber, S. (Hrsg.). (2018). *Handbuch Organisationspädagogik* (Organisation und Pädagogik). Wiesbaden: Springer Fachmedien Wiesbaden.

Graeber, D. (2018). *Bullshit Jobs. A theory*. London: Allen Lane an imprint of Penguin Books.

Grossenbacher, C. (9. April 2019). Deutsche Arbeitnehmer sind besonders unzufrieden. *Wirtschaftswoche.* https://www.wiwo.de/erfolg/beruf/trotz-guter-konjunktur-deutsche-arbeitnehmer-sind-besonders-unzufrieden/24199532.html. Zugegriffen: 12. Mai 2019.

Habermas, J. (7. April 2011). Merkels von Demoskopie geleiteter Opportunismus. *Süddeutsche Zeitung.* https://www.sueddeutsche.de/politik/europapolitik-merkels-von-demoskopie-geleiteter-opportunismus-1.1082536-0. Zugegriffen: 10. Sept. 2019.

Heßler, M. (2016). Zur Persistenz der Argumente im Automatisierungsdiskurs. *Aus Politik und Zeitgeschichte 66*(18/19), 17–24. http://www.bpb.de/apuz/225690/zur-persistenz-der-argumente-im-automatisierungsdiskurs. Zugegriffen: 20. Febr. 2019.

Heuser, J. U., Lobenstein, C., Rudzio, K., & Wefing, H. (26. April 2019). Was machen wir morgen? Wenn durch künstliche Intelligenz Arbeitsplätze vernichtet werden, steht Deutschland vor einer Herausforderung. Zerbricht die Gesellschaft daran? Oder gibt es wieder Zeit für die wichtigen Dinge? *Die Zeit,* 18, S. 25–27. https://www.zeit.

de/2018/18/zukunft-arbeit-kuenstliche-intelligenz-herausforderungen. Zugegriffen: 18. Febr. 2019.

Hofmann, J., Piele, A., Piele, C., & Springel, S. (Mitarbeiter) (Fraunhofer-Institut für Arbeitswirtschaft und Organisation, Hrsg.). (2019). New Work. Best practices und Zukunftsmodelle. http://publica.fraunhofer.de/eprints/urn_nbn_de_0011-n-5436648. pdf. Zugegriffen: 3. Juni 2019.

Holocracy Constitution. https://www.holacracy.org/constitution. Zugegriffen: 17. Aug. 2019.

Hornung, S. (2018). Für viele ist New Work etwas, was Arbeit ein bisschen reizvoller macht, quasi Lohnarbeit im Minirock. Interview mit Frithjof Bergmann. *Personalmagazin, 09*, 38–43.

Horx, M. (2019). Das postdigitale Zeitalter. In M. Horx & D. Dettling (Hrsg.), *Zukunftsreport 2019. Das Jahrbuch für gesellschaftliche Trends und Business-Innovationen* (S. 12–31). Frankfurt a. M.: ZukunftsInstitut.

Horx, M., Boeing, N., Gatterer, H., Horx-Strathern, O., Horx, T., Kirig, A., Lanzinger, C., Papasabbas, L., Schuldt, C., Seitz, J., & Tajmar, M. (2019). *Zukunftsreport 2019. Das Jahrbuch für gesellschaftliche Trends und Business-Innovationen*. Frankfurt a. M.: ZukunftsInstitut.

Jackson, T. (Hrsg.). (2011). *Wohlstand ohne Wachstum. Leben und Wirtschaften in einer endlichen Welt* (1. Aufl.). München: Oekom. (Dt. Erstausg).

Jurczyk, K. (2016). Warum „atmende" Lebensläufe? *Zeitpolitisches Magazin 13*(28), 23–26. http://www.zeitpolitik.de/pdfs/zpm_28_0716.pdf. Zugegriffen: 25. Febr. 2019.

Jurczyk, K., & Mückenberger, U. (2016). Einführung: Atmende Lebensläufe – Utopie und zeitpolitische Baustelle. *Zeitpolitisches Magazin 13*(28), 1–2. http://www.zeitpolitik.de/pdfs/zpm_28_0716.pdf. Zugegriffen: 25. Aug. 2019.

Jürgens, K., Schildmann, C., & Hoffmann, R. (2018). *Arbeit transformieren! Denkanstöße der Kommission "Arbeit der Zukunft"*. Bonn: Bonn Bundeszentrale für politische Bildung.

Keupp, H. *Von der (Un)Möglichkeit erwachsen zu werden – Welche Ressourcen brauchen Heranwachsende in der Welt von Morgen? Vortrag beim Josefstaler Gespräch am 30. Juni 2002.* https://web.archive.org/web/20170809001828/http://www.josefstal.de/jahresbericht/2002/010_keupp_2002.pdf. Zugegriffen: 15. Dez. 2019.

Klaws, M., & Koehler, F. (Regie). (2019). *New Work: Eine Stadt im Umbruch. Interview mit Frithjof Bergmann im Rahmen des Films*. https://vimeo.com/302019513.

Kühl, S. (2011). *Organisationen. Eine sehr kurze Einführung* (1. Aufl.). Wiesbaden: VS Verl. für Sozialwiss.

Kühl, S. (Hrsg.). (2015). *Schlüsselwerke der Organisationsforschung*. Wiesbaden: Springer VS.

Kühl, S. (2018). *Organisationskulturen beeinflussen. Eine sehr kurze Einführung* (Management kompakt 1 Aufl.). Wiesbaden: Springer VS.

Kühl, S. (Autor). (2019). *Die Tücken der agilen Organisation*. https://www.youtube.com/watch?v=p3LDABxF96c.

Kwasniewski, N. (21. April 2016). Gleiches Geld für alle – Das Experiment. Was geschieht, wenn Menschen Geld bekommen – Genug zum Leben, ohne Bedingung, jahrelang, einfach so? Werden sie faul oder erst richtig aktiv? In Kürze startet ein Feldversuch in Kenia. *Spiegel Online*. https://www.spiegel.de/wirtschaft/grundeinkommenin-kenia-experiment-ueber-zehn-jahre-ohne-bedingungen-a-1088085.html. Zugegriffen: 28. Sept. 2019.

Lange, R. (2014). Der Beitrag der Wissenschaft zum Umgang mit großen gesellschaftlichen Herausforderungen. Vortrag in der Reihe "Perspektiven der Moderne – Die Responsivität der Wissenschaft", Forum Internationale Wissenschaft Bonn. https://www.academia.edu/7891807/Der_Beitrag_der_Wissenschaft_zum_Umgang_mit_gro%C3%9Fen_gesellschaftlichen_Herausforderungen. Zugegriffen: 25. Febr. 2019.

Mahlodji, A. (2018). *Ali Mahlodjis Work Report. 2019.* Berlin: ZukunftsInstitut.

Manyika, J., Lund, S., Chui, M., Bughin, J., Woetzel, J., Batra, P., Ko, R., & Sanghvi, S. (McKinsey Global Institute, Hrsg.). (2017). Jobs lost, jobs gained: Workforce transitions in a time of automation. https://www.mckinsey.com/~/media/mckinsey/featured%20insights/future%20of%20organizations/what%20the%20future%20of%20work%20will%20mean%20for%20jobs%20skills%20and%20wages/mgi%20jobs%20lost-jobs%20gained_report_december%202017.ashx. Zugegriffen: 16. Febr. 2019.

Mau, S. (2016). Der Lebenschancenkredit. Ein Modell der Ziehungsrechte für Bildung, Zeitsouveränität und die Absicherung sozialer Risiken. *Zeitpolitisches Magazin, 13*(28), 21–22.

Moorstedt, T. (10. April 2010). Du bist die Fabrik. Die Welt steht wieder vor einer industriellen Revolution: Mit 3D-Druckern kann jeder zum Produzenten werden. Wenn er kreativ genug ist. *Süddeutsche Zeitung Wochenende.* https://hci.rwth-aachen.de/index.php?option=com_attachments&task=download&id=953. Zugegriffen: 8. Aug. 2019.

Mückenberger, Ulrich (2016). Ziehungsrechte für Care in der Arbeit. *Zeitpolitisches Magazin 13*(28), 27–31. http://www.zeitpolitik.de/pdfs/zpm_28_0716.pdf. Zugegriffen: 25. Febr. 2019.

Nassehi, A. (2019). *Muster. Theorie der digitalen Gesellschaft.* München: Beck.

OECD. (2018). Putting faces to the jobs at risk of automation. Policy brief on the future of work. http://www.oecd.org/els/emp/future-of-work/Automation-policy-brief-2018.pdf.

Paech, N. (2018). *Befreiung vom Überfluss Auf dem Weg in die Postwachstumsökonomie* (9. Aufl.). München: oekom.

Peterson, C., & Seligman, M. E. P. (2004). *Character strengths and virtues. A handbook and classification.* Washington, DC: American Psychological Association.

Philip Kovce (Autor). (7. Juni 2018). *Fremdbestimmung. Das Arbeitsrecht hat ausgedient,* Deutschlandfunk Kultur. https://www.deutschlandfunkkultur.de/fremdbestimmung-das-arbeitsrecht-hat-ausgedient.1005.de.html?dram:article_id=419725.

Posch, A., & Bergmann, F. (2011). Neue Arbeit – Neue Kultur: Frithjof Bergmann im Interview. https://anitaposch.com/neue-arbeit-neue-kultur-frithjof-bergmann-im-interview/. Zugegriffen: 30. Apr. 2018.

Precht, R. D. (2018). *Jäger, Hirten, Kritiker. Eine Utopie für die digitale Gesellschaft.* München: Goldmann. (Originalausgabe).

Rätz, W., Paternoga, D., Reiners, J., & Reipen, G. (Hrsg.). (2019). *Digitalisierung? Grundeinkommen!* (kritik & utopie, 1. Aufl.). Wien: Mandelbaum.

Rauner, M. (Hrsg.). (2017). Die Pi-mal-Daumen-Studie. Eine düstere Warnung hat sich verselbständigt: Angeblich ist jeder zweite Arbeitsplatz durch die Digitalisierung bedroht. Wer bietet mehr? 11. *Die Zeit.* https://www.zeit.de/2017/11/kuenstliche-intelligenz-arbeitsmarkt-jobs-roboter-arbeitsplaetze/seite-2. Zugegriffen: 16. Juli 2019.

Regalado, A. (2012). "So eine Wirtschaft behagt mir nicht". Interview mit Andrew McAfee. https://www.heise.de/tr/artikel/So-eine-Wirtschaft-behagt-mir-nicht-1643231.html. Zugegriffen: 16. Juli 2019.

Rheinberg, F. (2017). Motivationale Kompetenz und Flow-Erleben. In M. Brohm, C. Peifer, & J. M. Greve (Hrsg.), *Positiv-Psychologische Forschung im deutschsprachigen Raum – State of the Art. Mit einem Gastbeitrag von Falko Rheinberg* (S. 190–224). Lengerich: Pabst Science Publishers.

Rosa, H. (2019). *Resonanz. Eine Soziologie der Weltbeziehung.* Berlin: Suhrkamp.

Rose, N. (2019). *Arbeit besser machen. Positive Psychologie für Personalarbeit und Führung* (Haufe Fachbuch). Freiburg: Haufe-Lexware.

Rosenow, J. (2015). Etzioni, Amitai (1964): Modern Organizations. In S. Kühl (Hrsg.), *Schlüsselwerke der Organisationsforschung* (S. 261–263). Wiesbaden: Springer VS.

Rudolph, C. W., Katz, I. M., Lavigne, K. N., & Zacher, H. (2017). Job crafting: A meta-analysis of relationships with individual differences, job characteristics, and work outcomes. *Journal of Vocational Behavior, 102,* 112–138. https://doi.org/10.1016/j.jvb.2017.05.008.

Schermuly, C. C. (2019). Holocracy: Die holokratische Organisation. https://www.haufe.de/personal/hr-management/new-work-moderne-formen-der-arbeitsgestaltung/holacracy-die-holokratische-organisation_80_406704.html. Zugegriffen: 17. Aug. 2019.

Schettkat, R. (2011). *Des Wachstums verschlungene Wurzeln: Produktivität und Beschäftigung. Expertise im Auftrag der Abteilung Wirtschafts- und Sozialpolitik der Friedrich-Ebert-Stiftung* (WISO-Diskurs, [Electronic ed.]). Bonn: Friedrich-Ebert-Stiftung.

Schneidewind, U. (2018). *Die große Transformation. Eine Einführung in die Kunst gesellschaftlichen Wandels* (Forum für Verantwortung, Bd. 70259, Originalausgabe). Frankfurt a. M.: Fischer Taschenbuch.

Schneidewind, U., Zahrnt, A., & Zahrnt, V. (2013). *Damit gutes Leben einfacher wird. Perspektiven einer Suffizienzpolitik.* München: oekom.

Schröer, A. (2018). Führung als Gegenstand der Organisationspädagogik. In Göhlich (Hrsg.), *Handbuch Organisationspädagogik* (Organisation und Pädagogik, Bd. 17, S. 479–490). Wiesbaden: Springer Fachmedien Wiesbaden.

Seligman, M. E. P. (2011). *Flourish. A visionary new understanding of happiness and well-being.* New York: Free Press.

Seligman, M. E. P. (2012). *Flourish – Wie Menschen aufblühen. Die positive Psychologie des gelingenden Lebens.* München: Kösel.

Serres, M. (2019). *Was genau war früher besser? Ein optimistischer Wutanfall* (edition suhrkamp, 1. Deutsche Erstausgabe). Berlin: Suhrkamp.

Sheldon, K. M., & Elliot, A. J. (1999). Goal striving, need satisfaction, and longitudinal well-being: The self-concordance model. *Journal of personality and social psychology, 76*(3), 482–497.

Staab, P., Geschke, S-C. (Hans Böckler Stiftung, Hrsg.). (2019). Rating als arbeitspolitisches Konfliktfeld. Das Beispiel Zalando. Study: 429. https://www.boeckler.de/pdf/p_study_hbs_429.pdf. Zugegriffen: 16. Dez. 2019.

Straub, R. (Haufe., Hrsg.). (12. Februar 2019). Kommentar: Xing nimmt einer Bewegung ihren Namen. https://www.haufe.de/personal/personalszene/kommentar-xing-nimmt-der-new-work-bewegung-ihren-namen_74_483806.html. Zugegriffen: 17. Febr. 2019.

Tegmark, M. (2017). *Leben 3.0. Mensch sein im Zeitalter Künstlicher Intelligenz*. Berlin: Ullstein.

Universität Stuttgart, Reallabor für nachhaltige Mobilitätskultur, Future City Lab. Nachhaltige Mobilitätskultur in Stuttgart, Fakultät Architektur und Stadtplanung. http://www.r-n-m.net/info/. Zugegriffen: 16. Sept. 2019.

Universität Zürich. VIA-IS. Information zur Interpretation Ihrer Ergebnisse. https://www.charakterstaerken.org/VIA_Interpretationshilfe.pdf. Zugegriffen: 3. Apr. 2018.

Väth, M. (2016). *Arbeit – Die schönste Nebensache der Welt. Wie New Work unsere Arbeitswelt revolutioniert*. Offenbach: GABAL.

Welzer, H. (2019). *Alles könnte anders sein. Eine Gesellschaftsutopie für freie Menschen*. Frankfurt a. M.: Fischer.

Wirtschafts- und Sozialwissenschaftliches Institut. Erwerbstätigenquoten und Erwerbsquoten 1991–2017, Hans-Böckler-Stiftung. https://www.boeckler.de/53509.htm. Zugegriffen: 11. Sept. 2019.

WirtschaftsWoche. (2017). Umfrage. Mehrheit der Deutschen für bedingungsloses Grundeinkommen. https://www.wiwo.de/politik/deutschland/umfrage-mehrheit-der-deutschen-fuer-bedingungsloses-grundeinkommen/19427282.html. Zugegriffen: 30. Apr. 2018.

Wrzesniewski, A., & Dutton, J. E. (2001). Crafting a Job: Revisioning employees as active crafters of their work. *Academy of Management Review 26*(2), 179–201. http://faculty.som.yale.edu/amywrzesniewski/documents/Craftingajob_Revisioningemployees_000.pdf. Zugegriffen: 24. Febr. 2019.

}essentials{

Michaela Brohm

Positive Psychologie in Bildungseinrichtungen

Konzepte und Strategien
für Fach- und Führungskräfte